더 홈 에딧 라이프

THE HOME EDIT
Life

더 홈 에딧 라이프

클리아 시어러 • 조애나 테플린 지음 / 클리아 시어러 사진
이소윤 옮김

우리를 믿고 기다려준 가족과 친구들, 뛰어난 업무 능력을 발휘해준 직원들, 한결같이 저희를 지지해준 매니저와 에이전트 들, 항상 멋진 호텔에 머물게 해주시는 비즈니스 매니저들, 작업 내내 법적 조언으로 도움을 주신 변호사님들 그리고 저희의 꿈을 실현시켜주신 출판사 분들을 포함해 이 책에 애써주신 모든 분께 감사드립니다.

Contents

프롤로그 • 9

Part 1 360도 접근 방법 • 12

Part 2 보다 나은 삶을 위해 • 46

    자기 관리를 위한 정리 아이디어 • 52

    디지털 시대의 정리 아이디어 • 76

    잦은 출장과 여행을 위한 정리 아이디어 • 92

    업무용 공간 정리 아이디어 • 114

    아이가 있는 집을 위한 정리 아이디어 • 138

    반려동물을 키우는 집을 위한 정리 아이디어 • 170

    파티를 즐기는 사람을 위한 정리 아이디어 • 186

    다목적 공간의 정리 아이디어 • 206

    나를 행복하게 만드는 물건들 • 220

마무리 작업 • 250
감사의 말 • 252

프롤로그

이 책은 틈날 때마다 정리 정돈을 즐기는 사람들과 정리는 하고 싶지만 따로 시간 내기가 어려운 사람들 모두를 위한 책이에요.

수납장 안의 빨대 컵 찾기에 지쳤거나, 샴페인 잔을 위한 수납공간이 더 필요한 엄마들에게 특히 도움이 될 거예요. 업무 책상에 잉크가 마른 펜들이 왜 자꾸 늘어나는지 궁금해하는 직장인들뿐만 아니라, 공예품 수집가, 뷰티 제품 마니아, 그리고 여행을 자주 다니는 제트 셋 족에게도 필요한 책입니다.

한마디로 이 책은 모두를 위한 책이에요. 우리는 많은 물건들을 소유하는 것에 대해 부정적인 감정을 갖고 있는 사람들에게 굳이 버리지 않으면서도 각자의 삶을 사랑하며 사는 방법을 이야기하고 싶거든요.

무엇보다 정리 정돈은 팬트리나 옷장같이 집 안의 특정 공간에만 국한되는 것이 아니라 취미, 여행, 그리고 사용하고 있는 스마트폰에까지 영향을 미친다는 사실을 알리고 싶어요.

정리 정돈은 인생을 살아가는 생활 방식이자 삶의 태도입니다. 이 책에서 소개하는 360도 접근 방법을 통해 살면서 겪는 혼란과 이를 극복하는 내용들을 이야기할게요.

자, 대충의 책 소개를 마쳤으니 본격적으로 집 안으로 들어가 시작해볼까요? 물건을 쟁여두는 것에 대한 죄책감은 신발과 함께 문 앞에 벗어두고 말이죠!

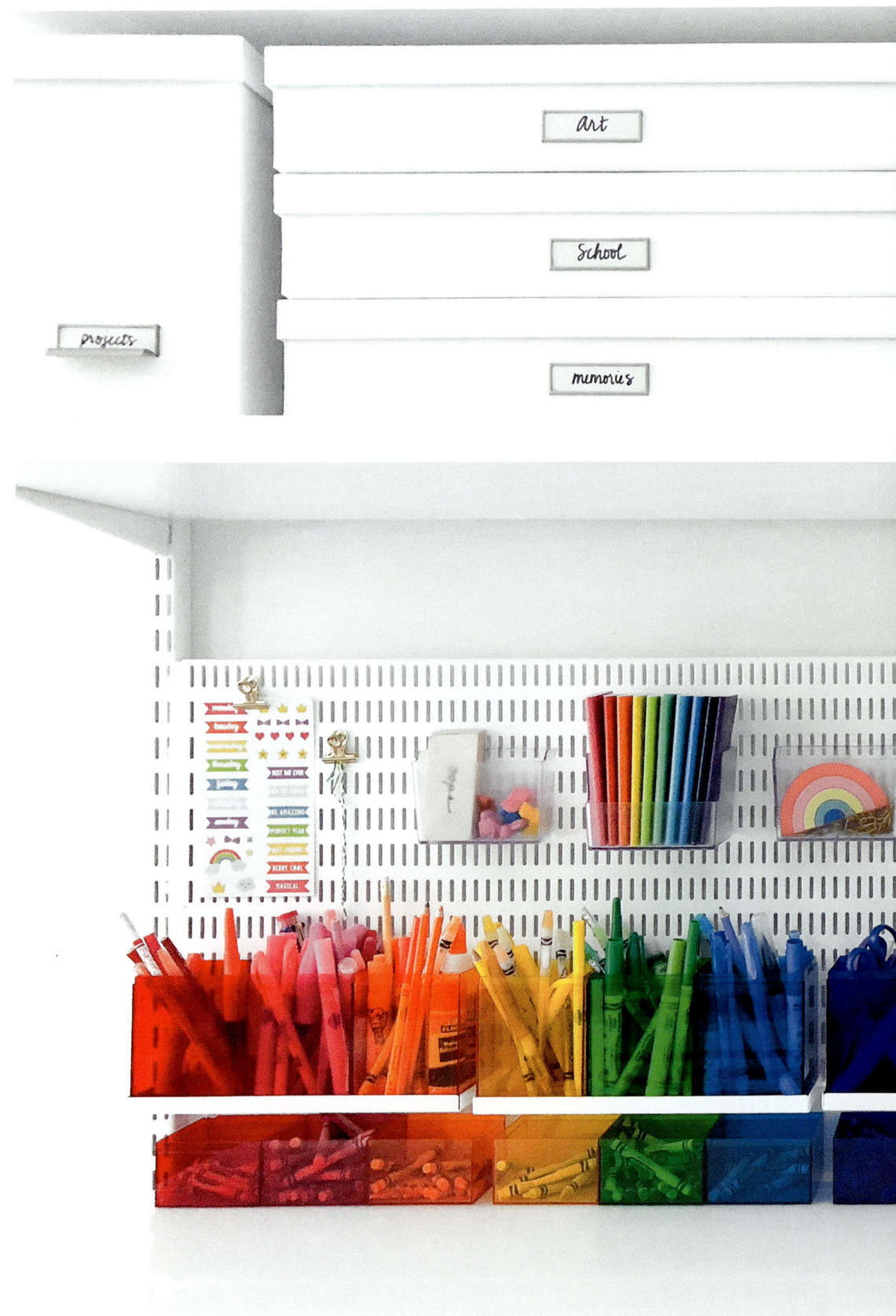

PART 1

360도 접근 방법

우리의 첫 번째 책이 출간됐을 때 우리는 그 책에서 제안하는 정리 정돈법이 공간 활용에 도움이 되리라고 믿었어요. 다만 우리가 소개한 수납 정리의 기술을 사람들이 실생활에 활용할지는 조금 확신이 서지 않았죠.

하지만 독자들의 반응과 우리가 제안한 방법을 통해 변화한 공간들을 보며 놀라지 않을 수 없었어요. 우리 인스타그램 계정의 많은 팔로워들이 옷장, 현관, 닿기 어려운 선반, 그리고 팬트리 정돈과 사투를 벌이는 과정을 보면서 마치 우리가 인스타그램 속 엄마라도 된 것처럼 뿌듯했답니다.

그런데 먼저 이야기하고 싶은 점은, 작은 공간을 정리 정돈하기 전에 미리 팬트리부터 정리하지 말라는 거예요.

"책이 도착했으니 본격적으로 정리를 시작해볼까!"라는 문장과 함께 팬트리의 모든 물건을 꺼내 부엌 곳곳에 쌓아놓고 우리를 태그한 포스팅을 볼 때마다 "안 돼요! 그게 아니라고요!"라고 소리치게 된답니다. 의욕에 가득 찬 수많은 독자들이 구석에서 웅크린 채 울지 않고 무사히 성공하기를 간절히 바라기 때문이죠. 심지어 우리 팀도 심하게 어질러진 팬트리 안에서 좌절해서 울 뻔한 적이 있답니다!

true story

콘스탄스 짐머(Constance Zimmer, 미국의 배우)의 팬트리를 정리하는 데 8시간 이상 걸린 적이 있어요. 수많은 살림살이에 비해 팬트리 공간의 활용도가 떨어져서 정말 고생했죠. 그녀는 우리에게 작별 인사를 건네고 파티에 참석하러 떠났고 우리는 작업을 시작했죠. 하지만 그녀가 집으로 돌아온 자정까지도 여전히 작업 중이었답니다.

꽤 당황한 상태에서 가쁜 숨을 들이마시며 "계속해, 할 수 있어!"라고 끊임없이 외쳤죠. 각자의 정리 정돈 루틴을 만드는 재미를 빼앗을 생각은 없지만, 그래도 작은 공간부터 구역별 정리를 시작하는 것이 효과적인 방법이라고 다시 한번 말씀드리고 싶어요.

서랍 정리부터 시작하라는 말이 너무 뻔하게 들리더라도, 자잘한 잡동사니부터 정리해야 일상을 개선할 수 있거든요. 말하자면, 더 이상 머리끈을 찾아 헤매거나 펜을 찾을 필요가 없다는 거죠.

잡동사니 서랍 정리하기

서랍에 물건들이 마구잡이로 놓여 있어도 필요한 것들이 모두 있고, 적당히 구분되어 있으며, 일상생활의 루틴에 크게 어긋나지 않는다면 전혀 문제가 되지 않겠죠. 정리 정돈에는 정답이 존재하지 않아요. 각자의 필요에 따라 공간을 잘 활용하는 것이 무엇보다 중요하답니다.

우리의 첫 번째 책에 관한 다섯 가지 사실들

1. **많은 사람이 휴가에 이 책을 챙겨 갔다.** 아니 정리 정돈에 관한 책을 바닷가에 챙겨 가다니! 꽤 충격적인 사실이 아닐 수 없었는데, 우리는 그저 가슴 떨리는 로맨스 소설들이 모두 팔렸기 때문일 거라고 추측할 따름이랍니다.

2. **많은 사람이 동네 도서관을 통해 이 책을 대여했다.** 우리는 독자들이 도서관을 애용할뿐더러 이 책을 대여하기 위해 몇 주 동안 기다렸다는 사실이 너무 기뻤어요. 실제로 여러 나라의 도서관 대기자 명단을 찍은 사진도 받아보았죠!

3. **아이들은 정리하기를 좋아한다.** 우리 아이들만 그런 게 아니에요. 실제로 출간 이벤트 행사에서 우리에게 보여주기 위해 직접 그린 그림이나 스스로 계획한 정리 정돈 프로젝트 사진을 들고 온 아이들이 많았어요. 우리는 그 아이들의 부모님들에게 혹시 아이들이 우리와 일하길 원하는지 물어보았죠.

4. **인스타그램에서 우리를 태그한 사진에 의하면 고양이보다 강아지가 이 책을 더 좋아한다.** 이는 과학적인 조사가 아니니 정확한 결과를 위해서는 더 많은 데이터가 필요하겠지만, 어쨌든 우리는 고양이 커뮤니티를 위해 더 노력해야 할 거 같아요.

5. **뉴욕 타임스 베스트셀러 목록에 올랐다!** 우리에게 평생 기념할 만한 일이 아닐 수 없죠. 어쩌면 비석에 새겨야 할지도 몰라요. 우리 남편들이 우리를 뉴욕 타임스 베스트셀러 아내라고 소개할 정도니까요. 처음부터 이 책의 출간을 지지해준 독자와 팬 들에게 진심으로 감사드려요!

　중요한 사실 하나는 우리의 첫 번째 책이 이미 정리 정돈에 익숙한 사람들과 약간의 도움이 필요한 사람들 모두에게 관심을 끌었다는 점이죠. 어떤 사람들은 이 책이 익숙하게 느껴졌고, 또 어떤 사람들은 이국적이지만 기꺼이 즐거운 마음으로 시도해보았다고 했어요. 형광펜으로 밑줄을 그으며 읽는 사람도 있었고, 사진만 대충 보는 사람도 있었죠. 정답은 없어요. 우리는 그저 많은 사람이 우리처럼 수납 용품의 진가를 알고 활용하게 되어 기쁘답니다.

　우리가 알게 된 또 다른 사실은, 특히 좋은 반응을 얻은 몇몇 페이지들이 있다는 거예요. 우리가 만든 몇 가지 원칙들 중에 로우-바 라이프스타일(Low-Bar Lifestyle) 원칙이 있는데, 이는 일상에서 소소한 성취감을 느낄 수 있도록 목표를 매우 낮게(거의 최소한으로) 설정하는 거랍니다. 예를 들면, 아침마다 아이들을 먹이고 옷을 갈아입히는 자신에게 별점을 주는 거죠. 기대치를 낮추면 달성할 수 있는 목표가 얼마나 많은지 알게 돼요. 정말 놀라운 일이에요.

누군가의 다섯 가지 로우-바 라이프스타일

우리는 독자들에게 각자의 로우-바 라이프스타일을 이야기해달라고 요청했어요.

1. 와인은 과일이다. 따라서 와인 한 잔을 마시는 것은 과일 하나를 통째로 먹는 것과 같다. 와인을 마시면 우리 몸의 항산화 성분이 풍부해져 괴혈병을 예방할 수 있다.

2. 아이들이 소리 지르는 것은 무사히 살아 숨 쉬고 있다는 뜻이다.

3. 가끔 저녁 식사로 아이들에게 시리얼을 먹이며 마치 오프라 윈프리가 된 것처럼 "너도 시리얼을 먹고, 너도 시리얼을 먹어야 해! 우리 모두 시리얼을 먹어야 한다고!"라고 과장해서 외친다.

4. 피트니스 클럽에서 운동을 오래 하진 않아도, 피트니스 클럽 주차장에서 인스타그램을 보며 시간을 많이 보내면 기분이 좋다.

5. 스파클링 와인에 얼음을 넣어 수분을 보충한다.

*위의 내용은 사실 클리아가 제출한 거예요. 클리아, 사과하고 싶진 않지만 미안!

죄책감에서 벗어나기

로우-바 라이프스타일의 원칙과 '물건을 버려도 괜찮다'라는 삶의 모토 사이의 공통점은, 최소한 자기 자신과 관련된 일이라면 죄책감을 조율할 수 있다는 거예요. 우리는 로우-바 라이프스타일의 개념을 정립하면서, 조금만 노력해도 이를 지지해주는 공동체가 있으면 좋겠다고 생각했어요. 머리를 감는 일처럼 작고 소소한 노력 말이에요. 만약 머리를 헤어드라이기로 말리지 않는다고 해도(이는 훨씬 하이-바 라이프스타일에 속하겠지만), 머리카락이 청결해졌다는 사실이 더 중요하다는 거죠. 내내 머리를 감지 않다가 5일만에 드라이 샴푸를 사용한다고 죄의식을 느낄 필요가 없는 것처럼, 물건을 정리 정돈할 때도 죄책감을 느낄 필요가 없어요. 자신이 좋아하거나, 필요로 하거나, 혹은 추억의 물건들을 보관하면 되니까요. 몇 가지 예를 들어볼까요?

좋아하는 물건들	필요한 물건들	추억의 물건들
향초	배터리	어린 시절의 물건
옷	각종 서류	집안의 가보
사진 액자	손 세정제	아이들이 그린 작품
기타	전구	메모와 엽서
주얼리	세금 고지서	오래된 사진
꽃병	욕실 배관 청소 도구	웨딩드레스

필요하다고 느끼지만 99%는 그렇지 않은 물건들의 예

1. 내년 추수감사절 전에 유통기한이 끝나는 호박 퓨레. 파이는 작년에도 만들지 않았잖아요!

2. 1과 비슷한 상태의 캔에 들어 있는 연유.

3. 테마파크에서 사온 기념품 컵. 오래된 음료수 컵은 추억할 만한 물건이 아니죠.

4. 부품 하나가 빠진 물건. 부품이 빠진 믹서기를 고치러 수리 센터에 가는 사람은 별로 없어요. 대부분 그냥 새 믹서기를 사니까요.

5. 꽃 선물을 받았을 때 같이 받은 화병.

어떤 물건을 계속 보관할지 아닐지를 결정할 때는 그 물건이 어떤 항목에 속하는지 판단해야 해요. 꼭 보관해야 할 물건이라고 판단된다면 충분히 아끼는 물건이겠죠(한동안 잊고 있었지만 앞으로 입을 수 있는 스웨터처럼 말이에요). 아니면 반드시 갖고 있어야 하는 물건일 수도 있어요(막힌 배관을 뚫는 도구처럼요). 또는 굉장히 특별한 물건인 경우도 있고요(어버이날 아이가 그림을 그려준 돌맹이 선물은 아주 특별한 의미를 지니잖아요). 이런 물건들은 꼭 갖고 있어야 하는 특별한 이유가 있으니 보관하는 것에 죄책감을 느낄 필요가 전혀 없죠.

물건을 많이 소유하는 게 뭐 어때요.

다시 한번 말하지만

물건을 많이 소유하는 건 죄가 아니에요.

불필요한 살림살이들을 처분하는 건 정리 정돈에 있어서 매우 중요해요. 20 페이지를 다시 펼쳐 보세요. 그 과정을 여러 번 거치면 중요한 물건들만 남게 되죠(욕실 배관 청소 도구도 언젠가는 중요한 물건이 되지 않을까요?). 그렇지만 여전히 보관하는 물건들이 많다 하더라도 죄책감을 느낄 필요는 없어요.

신생아에겐 기저귀로 가득 채운, 십 대 자녀에겐 스포츠 장비로 가득 찬 수납장이 필요한 게 당연하니까요. 자신의 삶을 구성하는 요소들을 수용하고 정리 솔루션을 찾는 데 시간과 에너지를 쓰는 것이 훨씬 현명한 일이죠.

정리 정돈 vs 미니멀리즘

정리 정돈은 종종 미니멀리즘과 일맥상통하는 듯 보이지만, 실제로는 매우 달라요. 미니멀리즘은 최소한의 살림으로 간소화하는 것으로 정의하는 반면 정리 정돈은 사물이나 업무를 효율적이고 질서 있게 처리하는 것을 의미해요. 미니멀리즘은 일상을 디자인하는 방식이자 라이프스타일의 종류예요. 하지만 정리 정돈된 삶을 산다는 것이 반드시 적게 소유해야 한다는 것을 의미하지는 않아요. 다만 소유하고 있는 것은 신중하게 선택할 필요가 있죠. 소유하는 물건들과 공간 모두가 중요하니까요.

어떤 기사에서 우리를 '더 많은 물건을 보관할 수 있도록 돕는 정리 전문가들'이라고 묘사한 적이 있어요. 처음에는 웃어넘겼지만, 나중에는 그 기사가 우리를 제대로 표현했다는 생각을 했어요. 우리는 물건 처분을 돕는 게 아니라, 각자의 기준에서 최대한으로 정리하며 살 수 있도록 돕기 때문이죠.

세상의 모든 물건을 소유할 수는 없어도 많은 것을 누리며 살 수는 있죠. 아무 생각 없이 갖고 있는 물건들을 처분해 버리면 필수품들의 일부를 대체해야 하고, 결국 또다시 낭비하는 일이 생길 테니까요.

80 : 20의 황금 비율

우리는 공간을 물건으로 채우거나, 물건을 비워 필요한 공간을 마련하죠. 하지만 동시에 둘 다를 할 수는 없어요. 모든 물건은 어느 정도의 물리적인 공간을 차지하기 때문에 아무리 넓은 평수의 집이라고 해도 공간은 부족해질 수밖에 없죠. 그럴 땐 어떻게 하는 것이 좋을까요?

저희가 세운 80 : 20의 원칙에 따라 공간의 80%만 채우고, 나머지 20%는 숨 쉴 수 있는 공간으로 남겨야 해요. 모든 공간을 가득 채우는 것은 마치 배가 완전히 부를 때까지 음식을 계속 먹는 것과 같아요. 넘치는 옷장도 터질 것 같은 벨트만큼 불편해지겠죠. 배가 부르지만 디저트를 먹고 싶다면요? 신발장에 딱 한 켤레만 더 넣고 싶다면요? 하지만 집에 숨 쉴 공간이 없다면 고민할 필요 없이 여유 공간을 만들어야 해요.

여유로운 공간을 위한 다섯 가지 팁

1. 이제 옷걸이는 그만 살 것! 불필요한 물건 때문에 후회하지 말자.

2. 모든 물건을 항상 제자리에 수납하면 지정된 공간이 부족한지 아닌지 알 수 있다.

3. 물건을 구입할 때마다 이 물건을 어디에 둘지 떠올린다. 만약 생각나지 않는다면 그 제품은 구매하지 않는다.

4. 일 년에 한두 번 정도 공간을 살피고 재정비한다.

5. 전기 목줄을 착용해서라도 집 밖으로 못 나가게 막아서 불필요한 쇼핑을 하지 않는다.

공간의 80% 정도를 채워도 예전처럼 완벽하게 수납이 되지 않는다고 느낄 수 있어요. 어쩌면 힘겹게 팬트리 서랍에 물건들을 쑤셔 넣고, 딸의 옷장에 여러분의 겨울 코트를 몰래 걸어둘 궁리를 하고 있을지도 모르죠. 마치 어려운 수수께끼를 풀고 있는 기분이 들 수도 있어요.

이쯤에서 우리의 도움이 필요할 거라 생각해요. 항상 사용하고 또 필요한 물건들을 모두 수납하면서 효율적인 공간 분배도 할 수 있도록 도와드리거든요. 아이 때문에, 업무 때문에, 또는 그냥 보기 좋다는 이유로 사람들은 각자가 원하는 물건들을 갖고 있어요. 사실 잘 보관할 수 있는 공간만 충분히 확보한다면 굳이 최소한의 물건으로 살아갈 이유는 없어요!

360도 접근 방법

어떤 종류의 물건이든 많이 소유한다고 문제 될 건 없죠. 정리 정돈은 육체적인 활동이자 정신적인 활동이기도 해요. 각자의 문제를 제대로 파악해 우선순위를 정하고, 경우에 따라서는 금전적 지출도 고려해야 하죠.

그래서 스스로에게 질문하는 것이 도움이 될 수 있어요. 왜 이 공간을 정리하려고 하는지 말이에요. 예를 들어, 물건을 찾기 어려울 정도로 어질러진 차고 때문인지, 늘 원했던 크리스마스 장식용품 수납장 때문인지, 막 대학에 간 아이의 물건들을 전부 정리하고 그 방을 내가 꿈꿔온 장식품 가득한 방으로 바꾸고 싶어서인지 말이죠.

물론 정답은 없어요. 중요한 점은 각자의 동기와 현실적인 목표를 앞세워 프로젝트를 진행한다면 무엇이든 가능하다는 거죠. 나 자신을 위한 것인지, 가족 모두를 위한 것인지도 잘 알아야 하고요.

스스로 만족하는 것은 정리 체계의 필수적인 부분이 아니에요. 그래놀라 바를 완벽한 일직선이 되도록 정렬하거나 욕실 수납장 속 라벨이 모두 한 방향을 향하게 하는 것, 옷걸이 사이의 간격을 고르게 하는 것들은 '나를 위한' 그리고 '내가' 원해서 하는 행동이죠.

사실 자기만족을 위해 더 극단적인 방식을 택하는지도 모르죠. 이런 경우 다른 가족들에게도 이 방식이 합리적인지, 그래서 그래놀라 바를 일렬로 정렬하는 방식을 고수해도 되는지는 충분히 고려해볼 필요가 있겠죠.

가족들에게 물건을 제자리에 놓기 같은 간단한 일을 요구하는 것은 절대 잘못이 아니에요. 하지만 가족들이 지키지 않는다면 이것은 '나의 문제'가 아니라 '우리 모두의 문제'라는 것을 깨닫게 되죠.

많은 의뢰인들이 가족 간의 문제 해결을 위해 우리를 찾아왔어요. 그리고 그때마다 우리는 충분히 해결 가능한 문제라고 대답했지요. 예를 들어,

여러분이 현관에 가족들을 위한 옷걸이용 고리를 설치하고 직접 쓴 라벨을 붙여놓고 여러 차례 강조했지만, 가족들은 물건들을 그냥 의자에 던져놓을 수 있어요. 그것조차 가족들에게는 너무 번거롭고 귀찮은 일일 수 있으니까요. 아이들이 말을 너무 듣지 않는다거나 남편은 지저분한 사람이라고 포기해버리는 대신 모두에게 효과 있는 방법을 생각해보면 어떨까요?

좋은 해결책을 하나 제안할게요. 옆의 사진처럼 벽에 붙이는 옷걸이용 고리뿐만 아니라 바닥에 수납 바구니를 놓아두는 거예요. 보기에도 더 좋을 뿐만 아니라, 잡동사니를 적당히 가리면서 습관처럼 물건들을 놓아둘 공간이 생기니 가족들이 좋아하지 않을까요?

'우리 모두의 문제'는 가족 구성원 모두가 집을 유지 보수하는 데 각자의 임무를 맡아야 한다는 의미예요. 이러한 정리 체계 방식은 몸에 배어 자연스레 익숙해질 필요가 있죠. 정리 정돈의 습관은 마치 요정이 날개를 달게 되는 것과 같아요.

가족이나 룸메이트, 혹은 애인이 정리 정돈에 동참하지 않을 거라고 확신하는 분들께는 은 식기용 서랍 정리함을 선물로 드릴게요. 세 살만 넘어도 이 정리함을 보고 감탄할 거예요. 포크를 어디에서 찾아야 할지, 숟가락을 어디에 놓아야 할지 아주 명확하기 때문에, 모든 식기가 이 정리함 안에 있는 한 완벽한 정리가 따로 필요 없어요(여전히 수저를 일렬로 정렬해야 한다고 생각한다면 그것은 '나의 문제'인 것이 확실합니다).

우리가 이 예를 자주 인용하는 이유는 가족들이 자신들도 모르게 이 간단한 정리 정돈법을 따르고 있기 때문이에요. 우리가 항상 서랍 정리부터 시작하라고 한 말 아직 기억하죠? 정돈된 서랍이 그대로 유지되고 있다면 훨씬 더 많은 공간이 깔끔하게 유지될 수 있다고 믿어도 좋아요(정리 정돈과 관련된 예상치 못한 변명 역시 요정이 날개를 달게 되는 결과를 불러올 수 있답니다).

자신을 명확히 파악할 것

물론 어머니들은 우리가 좀 더 조심스럽길 바라시지만, 우리는 개인적인 문제를 온 세상에 공유하는 것이 전혀 부끄럽지 않아요. 좋을 때나 힘들 때, 장점(정리 정돈)이나 약점(정리 정돈 외 기타 등등)을 포함한 모든 문제를 대부분의 사람들도 갖고 있다고 생각하기 때문이죠. 또한 먼저 우리의 문제를 알고 있어야 팬과 팔로워 들을 제대로 도울 수 있다는 사실을 깨달았기 때문이에요. 어쩌면 엉망진창인 우리 모습이 보는 사람들로 하여금 자기 자신이 더 괜찮다고 느끼게 만드는지도 모르겠네요. 이유가 무엇이든 우리는 기꺼이 임무를 다할 생각이랍니다. 그리고 많은 분들이 우리가 지닌 특정 노이로제를 재밌어하시는 것 같아 언제든지 참고할 만한 목록을 작성해두고 도움을 드리려고 합니다.

> **우리의 여러 문제에 대한 허술한 목록**
>
> **가장 무서워하는 것들:** 뱀, 비행, 구토, 배터리 전해질 액, 새똥, 지진 발생 시 필요한 무통 주사, 마른 익사(너무 끔찍한 증상이에요!).
>
> **요구 사항:** 공항에는 3시간 전에 미리 도착할 것, 늘 좌측통행할 것(조애나), 범죄자의 침입을 대비해 호텔에서는 방문에서 가장 멀리 떨어진 침대에서 잘 것(클리아), 시트 크릭 패밀리(Schitt's Creek-캐나다의 시트콤 드라마)에서처럼 (샴페인이건 다이어트 콜라건 간에) 얼음 한 컵을 여분으로 늘 준비해둘 것.
>
> **혐오하는 것들:** 소리 내며 먹는 사람, 일부 사람들이 내는 콧물 삼키는 끔찍한 소리(대체 왜 그러는 걸까요?!), 후루룩거리는 소리, 거친 숨소리(정말 끔찍하다는 것을 이제 막 깨달았답니다), 지각하는 일, 반짝거리는 것, 걸음이 느린 사람.
>
> **나쁜 습관들:** 스크린 타임이 유일하게 깨어 있는 시간인 생활, 너무 늦게 잠드는 것, 침대에서 식사하는 것.
>
> **여가 시간:** 샴페인 마시기, 비즈니스 서적 읽기, 샤크 탱크(Shark Tank-미국의 리얼리티 TV 쇼) 시청하기, 스웨디시 피시 젤리 먹기, 범죄 실화를 다루는 팟캐스트 청취하기, 공항 바에서 한잔하기, 베이글 먹기, 목베개 사용하기.

에니어그램 성격 테스트(Enneagram Institute Test, 사람의 성격을 9가지로 분류하는 성격 유형 지표)를 통해 각자가 지닌 성격의 장단점에 대해 많은 정보를 얻을 수 있어요. 실제로 정리 정돈을 시작하기 전에 자신에 대해 알아보는 것은 꽤 도움이 됩니다.(이 말은 소크라테스가 했다는 거 아시죠?) 각자의 계기, 근본적인 동기, 한계를 충분히 알고 있다면 추억의 빨대 컵 더미를 발견하고 갑자기 오열하는 상황은 생기지 않을 거예요.

서서히 좋아지는 성향

> **클리아**
> 유형 3_성취자

유형 3의 특징: 매력적이고 자신감 넘치는 유능한 야심가다. 진정성이 있으며 침착하지만 타인을 지나치게 의식하는 경향이 있다. 일 중독에 경쟁심도 강하다(오케이, 여기까지).

유형 3의 동기: 남들에게 인정받고 싶어 하며 차별화되길 희망한다. 다른 사람들로부터 관심과 존경받기를 원하고 사람들에게 감동을 주기도 한다(쿨하고 느긋하기는커녕, 가장 느긋하지 못한 성격에 가깝다).

유형 3의 대표적 인물들: 유형 3에 속하는 유명인으로 오프라 윈프리(Oprah Winfrey), 리즈 위더스푼(Reese Witherspoon), 폴 맥카트니(Paul McCartney), 마돈나(Madonna) 등이 있는데, 베르니 매도프(Bernie Madoff)와 O. J. 심슨(O. J. Simpson)도 이 유형에 해당된다.

> **조애나**
> 유형 4_개인주의자

유형 4의 특징: 자의식이 강하고 예민하며 속마음을 잘 드러내지 않지만, 솔직하고 창의적이며 감성적이다. 남을 잘 의식하며(글쎄), 자신에게 관대하고 기복이 있으며 거만하다(우리 이거 왜 했을까?).

유형 4의 동기: 자신의 개성을 표출하고 기분과 감정 상태를 잘 유지하기 위해 늘 스스로를 아름답게 유지한다. 자기 정체성을 찾아 헤매지 않으며, 자신의 감정을 가장 먼저 돌보는 편이다.

유형 4의 대표적 인물들: 밥 딜런(Bob Dylan), 마일스 데이비스(Miles Davis,) 조니 미첼(Joni Mitchell) 같이 평범한 유명인들도 있지만, 크리스 에인절(Criss Angel)과 같은 비범한 마술사도 이 유형에 속한다.

테스트해봅시다!

긍정적이던 부정적이던 "이건 내 얘기 같아"라며 결과를 인정한다면 에니어그램 성격 테스트가 꽤 정확하단 뜻이겠죠? 사실 자신이 O. J. 심슨과 같은 유형에 속한다는 게 유쾌하진 않겠지만, 스스로도 알지 못했던 통찰력을 얻는 데 도움이 될 수 있어요. 사람들과 상호 작용하는 방식에 초점을 맞춘 테스트이기 때문이죠.

우리는 각각 유형 3과 유형 4라는 사실을 알게 되면서, 의뢰인들에게 더 좋은 친구 겸 비즈니스 파트너로서 다가갈 수 있었어요. 그들의 요구에 전략적으로 접근할 수도 있게 되었고요. 운 좋게도 유형 3과 4는 서로에게 없는 특성을 지닌 상호 보완적인 완벽한 파트너랍니다.

성격 테스트를 통해 어떤 것이든 새롭게 알게 되는 사실이 있을 거예요. 다른 가족들을 좀 더 이해하고 싶다면 그들에게도 테스트를 권해보는 것도 좋은 방법이죠. 이런 숫자 유형의 성격 테스트가 취향에 맞지 않은 분들은 점성술을 선호하거나 호그와트 마법학교에 가고 싶어 하겠죠? 클리아는 결단력, 용기, 야망, 그리고 사교적인 성격 덕분에 그리핀도르 기숙사에 머물게 될 거예요. 근면하고 헌신적이며 인내심과 충성심이 강한 도덕적인 조애나는 후플푸프 기숙사로 가게 되겠죠.

우리의 의도는 자신의 행동뿐만 아니라 주변 사람들의 행동에 대해서도 배울 점이 많다는 거예요. 모두 각자의 행동과 의사 결정에 영향을 미치는 것들이죠. 그리고 대부분의 사람들이 서로 다르지만 어울려 살아도 전혀 문제가 되지 않아요. 세상의 이치일 뿐이죠. 오랫동안 저희를 팔로우하신 분들이라면 이미 눈치채셨겠지만, 저희 둘은 성격이 정반대인 동시에 완벽히 같은 성향의 사람들이랍니다.

이게 바로 오랜 시간 동안 힘들지 않게 함께 할 수 있는 비결이랍니다. 의뢰인의 옷장 정리로 하루를 꼬박 보낸 어느 날엔 호텔 방을 같이 사용한 적도 있었어요. 상반된 성격과 기량, 그리고 능력이 적절한 균형을 유지해 주기 때문에 각자의 성격적인 특성은 좋은 호텔 룸메이트는 물론 훌륭한 업무 파트너로서의 가치를 빛나게 하죠.

우리가 항상 공감하는 것들

1. 인생을 바꾸는 중대한 결정을 내려야 할 때도 길게 토론하거나 타협하지 않는다. 사업 관련된 이야기는 대부분 점심 식사를 하며 의논한다.

2. 좋아하는 TV 프로그램이 같은 것은 중요하다. 4시간 동안 내리 샤크 탱크를 보고 싶지 않은 사람과 생활 공간을 공유한다고 상상해 보라.

3. 공항에는 반드시 3시간 전에 도착해야 한다.

4. 공공장소에서 맨발로 다니는 것은 용납할 수 없다.

5. 미안해하는 것보다 안전한 편이 낫다.

6. '방 탈출 게임'은 현존하는 최악의 게임이다.

7. 아이는 최대 2명까지만. 문은 그냥 닫혀 있는 것이 아니라 석고벽으로 단단히 봉인되어 있다.

8. 비행기나 공항에서, 그리고 밤 10시 이후에 무언가를 먹을 때 칼로리 계산은 하지 않는다.

9. 5성급 호텔에서 방 하나를 나눠 쓰는 것이 그 이하 등급의 호텔 방 두 개를 각자 쓰는 것보다 낫다.

10. 서로 24시간 동안 떨어져 있으면 분리 불안이 시작된다.

우리는 많이 다른 서로를 참 좋아해요! 주도권을 위해 서로의 강점에 의존하기도 하고 약점을 보완하며 균형을 맞추기도 하죠. 각자의 장단점을 명확히 인지하면 효율적인 작업이 가능해 완벽하게 프로젝트를 해낼 수 있거든요. 예를 들어, 클리아는 인스타그램에 올릴 만한 순간들을 사진으로 잘 포착하고, 조애나는 작은 조각이나 부품들을 꼼꼼하게 분류하는 것을 좋아하지요.

동기가 무엇이고 어떤 것을 제일 잘하는지, 그리고 무슨 이유로 프로젝트에 끌리는지 등을 이해하면 업무 진행에 큰 도움이 됩니다. 서로 자존심 상해하거나 의문을 갖지 않고도, 클리아가 신발장을 정리하고, 조애나가 주얼리들을 서랍에 분류하며 프로젝트를 마무리할 수 있는 것처럼 말이죠. 친구든 배우자든, 파트너든, 자녀든, 함께 사는 사람에 대해서도 마찬가지예요. 서로의 차이점을 인정하는 것이야말로 가정의 평화와 정리 정돈을 유지하는 중요한 출발점이니까요.

업무 분담

놀이방에서

클리아: 색상별로 책을 정리하고 매장의 상품처럼 옷들을 선반에 진열한다.
조애나: 인형들과 공예 용품들을 분류한다.

옷장에서

클리아: 신발과 핸드백 들을 정리한다.
조애나: 옷부터 개기 시작한다.

욕실에서

클리아: 메이크업 도구들을 아크릴 선반에 정돈한다.
조애나: 매일 사용하는 물건을 수납할 서랍부터 먼저 정한다.

팬트리에서

클리아: 통에 담겨 있는 찻잎을 어떻게 눈에 띄게 진열할지 고민한다.
조애나: 차 용품 구역을 어디에 선정할지 고민한다.

우리는 모두 자연스럽게 각자의 역할을 수행하며 살아가죠. 정리 정돈이 시작되면 가장 신경 쓰이는 부분이 사람마다 다를 거예요. 어떤 사람은 클리아같이 큰 그림부터 그리며 시작하고, 또 어떤 사람은 세세한 작업부터 집중하는 조애나와 비슷할 거예요. 접근 방식은 사람마다 다르니까요. 스스로의 정리 유형을 파악한다면 정리 정돈의 과정이 두려움이나 좌절보다는 즐거움으로 가득 찰 거라 믿어요.

그래서 숫자나 기호로 자신의 유형을 분류하거나, 마법학교에서 마술을 부리는 동안(어쩌면 정말 멋진 생각일지도 모르죠), 정말 중요한 테스트를 해보는 건 어때요? 쉽게 설명하자면 클리아의 유형에 가까운지 조애나의 유형에 가까운지를 알아보는 거예요. 어쩌면 어느 쪽에도 속하고 싶지 않다고 생각하는 사람들도 있겠죠. 어쨌든 인생은 결코 쉽지 않으니까요.

나의 성격 유형은?

1. 우리 집은……
    a. 컬러와 패턴으로 가득하며 화려할수록 좋다.
    b. 대부분 흑백의 모노톤이지만, 가끔은 무지개색도 사용한다.
    c. 관심 없다. 다른 가족들에게 맡긴다.

2. 내가 가장 좋아하는 활동은……
    a. 사우나 가기.
    b. 집 보러 다니기.
    c. 방 탈출 게임.

3. 나는 최근에……
    a. 앞으로 오래오래 살 집으로 이사 왔다.
    b. 몇 번이나 이사했으며, '영원히 살 집'이란 말 자체를 이해할 수 없다.
    c. 이번이 마지막이길. 이사 스트레스가 진짜 심하다.

4. 아이들이 "아빠"라고 큰 소리로 부를 때, 나는……
    a. 아이들이 "엄마"를 부르지 않아 너무 기쁘다.
    b. "엄마"를 부르지 않은 것이 너무 기쁜 나머지 샴페인을 마신다.
    c. 필요한 것이 무엇인지 아이들에게 다정하게 묻는다.

5. 내가 만약에 감옥에 가게 된다면 아마도 그 이유는……
    a. 미끄럼틀을 거꾸로 올라간 아이 때문에. 미끄럼틀은 내려오는 거니까!
    b. 누군가 시리얼 그릇의 우유를 후루룩거리며 마셨기 때문에.
    c. 감옥에 갈 만한 행동은 절대 하지 않는다.

6. 납치당해 친구와 가족들에게 도움을 요청하는 문자를 보내야 한다면……
 a. 똥 모양 이모티콘을 보낸다(이전에는 이 이모티콘을 쓸 일이 없었다).
 b. 체육관에 있는지 묻는다(체육관 gym은 멈춤을 의미하는 붉은 깃발의 신호를 의미하고, 'R U'는 119에 전화하라는 뜻이다–역자 주).
 c. 한 번도 그런 경우를 생각해본 적 없다.

7. 나에게 이상적인 휴가란……
 a. TV도 없고, 온종일 최고의 음식을 먹을 수 있는 블랙베리 팜(Blackberry Farm) 리조트에서 보내는 것.
 b. 샴페인을 곁들인 아침 식사를 할 수 있는 쇼핑의 천국 런던에 가는 것.
 c. 햇볕이 내리쬐는 해변에서 휴식을 취하는 것.

8. 내가 가장 두려워하는 것은……
 a. 세관 신고를 하지 않은 과일과 견과류로 만든 그래놀라 바를 지닌 채 불법으로 캐나다를 떠나는 것.
 b. 식품의 유통기한 및 그로 인한 질병.
 c. (식품과 관련 없는 그 외의) 인류의 재앙.

9. 모처럼 여유로운 아침을 맞이한다면……
 a. 운동을 한다.
 b. 늦잠을 잔다.
 c. 아이 학교에서 자원봉사를 한다.

10. 만약 백만 달러가 생긴다면……
 a. 999,990달러로 파란색와 흰색 소형 쿠션을 사고, 남은 10달러를 저축한다.
 b. 즉시 집을 팔고 999,990달러를 보태 새집을 산다. 그러고 나서 남은 10달러를 저축한다.
 c. 미래를 위해 투자하는 것처럼 가치 있는 일에 투자한다.

11. 나는 비행기에서
 a. 목베개를 한 채 사탕을 먹으며 업무용 책을 읽는데, 최소한 세 장의 무릎 담요를 덮는다.
 b. 태블릿 PC를 꺼내고 스마트폰을 충전시키며 와이파이에 연결한다. 그리고 손을 들어 음료수를 요청한다.
 c. 편하게 뒤로 누워 도착할 때까지 잔다.

　　대부분 A라고 대답했다면 조애나와 비슷한 유형이에요. 귀엽고 컬러풀한 것을 좋아하며, 신경이 늘 곤두서 있으니 마사지를 자주 받으면 좋아요.
　　대부분 B라고 대답했다면 클리아와 비슷한 유형이에요. 모노톤에서 무지개 색상까지 모두 좋아하고 늘 격려가 필요하죠. 이사 다니기를 취미 생활처럼 즐기는데, 청각과민증이 있으니 누군가 가까이에서 코를 풀거나 껌 씹는 소리를 내지 않게 조심하는 게 좋겠어요.
　　만약 대부분 C라고 대답했다면 정말 멋지고, 차분하며, 아주 침착한 사람이에요. 아마 우리와 함께 비행기를 탄다면 정말 싫을 거예요.

　　이제 서로에 대해 조금 더 알게 되었으니, '더 홈 에딧 라이프'를 알아보도록 할까요?

PART 2

보다 나은 삶을 위해

반복 과정을 통한 새로운 다짐

우리는 독자들의 일상과 집을 재구성하고 정리 정돈하는 데 도움이 되는 내용을 다루고자 해요. 사실 집의 크기와 상관없이 우리 모두가 물건들에 치여 살고 있다고 해도 과언이 아니죠. 아이 물건, 업무와 관련된 물건, 생필품 혹은 아끼는 물건들을 어떻게 보관해야 하는지에 대해 늘 고군분투하며 지내는 것이 현실이니까요.

다시 말하지만 물건과 공간을 소중히 여기며 많은 물건을 소유하는 것은 잘못이 아니랍니다(대신 80 : 20의 원칙을 늘 염두에 두고요). 우리는 물건들을 여기저기 쑤셔 넣고 서랍이 넘치도록 가득 채우지 않고도 가능한 해결책을 찾도록 함께 도울 예정이에요. 이번 장에서는 일반적인 몇 가지 방법을 소개하며, 정리 정돈의 전반적인 과정을 보여드릴게요.

보다 나은 삶을 위해

시스템 만들기

늘 같은 곳에 넣어두던 자동차 열쇠를 찾느라 아이들 등교 시간에 늦었거나, 전날 밤에 서명을 했는지 기억이 나지 않지만 오늘까지 제출해야 하는 서류를 방금 발견했다고 상상해보세요. 이게 바로 시스템의 마법이에요! 일상적인 루틴과 이를 따른 물건들의 구성을 시스템화시키면 일상 관리는 훨씬 편리해지고, 마음은 더욱 행복하고 상쾌할 거예요. 이보다 더 좋은 일이 있을까요?

실용적인 것이 아름다운 것보다 더 중요하다

우리가 작은 서랍부터 시작했듯이, 정리 정돈도 단계적으로 접근하는 것이 효율적이에요. 우리는 공간과 물건을 정리하는 데 있어서 실용적인 요소가 제일 중요하고, 그다음에 공간을 아름답게 꾸며야 한다는 신념을 갖고 있어요.

공간을 아름답게 꾸미는 데만 집중하다 보면 공간이 제구실을 하지 못해서 상황이 더 나빠지거든요. 실용성을 우선시하고 어느 정도 시스템을 갖춰나가면 그 후엔 얼마든지 미적인 요소들을 더할 수 있으니까요. 우리를 전적으로 믿어주시면 공간도 예쁘게 꾸며질 뿐만 아니라, 그 공간을 더 좋아하게 될 거예요.

다양한 물건들을 수납할 구역과 각 구역의 경계를 구분해서 생각하면 실용적인 시스템을 만드는 데 도움이 돼요. (요리 필수품, 음식, 보관 용기 등을 위한) 팬트리처럼 넓은 구역이나 화장실의 미용용품 서랍을 구분하는 좁은 칸(화장 솜, 화장품, 매니큐어, 메이크업 리무버 티슈 등을 놓을)처럼 말이죠.

용도가 다른 물건들을 효율적으로 분류해 놓으면 정리 정돈에 많은 도움이 돼요. 적합한 물건에 필요한 공간을 줄 뿐만 아니라, 정해진 공간이 모자라지 않게 해주기도 하죠. 저희가 나눈 구역의 원칙을 따른다면 많은 도움이 될 거예요.

1. 비슷한 항목끼리 모은다. 같은 항목의 물건은 분리할 필요가 없어요. 간식을 이곳저곳에 두면 찾기가 더 힘들어지죠. 필요한 물건들을 한눈에 찾을 수 없으면 그 물건을 잃어버렸다고 생각해서 다시 구매하게 돼요. 친구들은 함께해야 의미가 있고, 혼자 남겨지면 외롭잖아요. 우리는 무생물의 물건들도 마치 친구들같이 이야기한답니다.

2. 동선의 흐름을 파악한다. 정리 정돈은 사용하기 편리한 순서 만들기가 목표랍니다. 팬트리에 비유해 보자면 식자재 수납 구역은 식사 준비를 위한 동선의 영역이고, 간식은 군것질의 영역이죠. 조리 구역에서 조미료 옆에는 오일과 식초가 있을 것이고, 조리 도구들도 가까이 있을 거예요.

아니면 놀이방을 꾸민다고 상상해 보세요. 효과적인 공간 구성을 생각하면 색칠 놀이와 독서 등을 위한 다소 조용한 구역과 블록 쌓기와 분장을 위한 놀이 구역으로 구분하게 될 거예요.

각 공간에 연관성을 부여하기 위해서는 영역을 분류하고 정돈하는 과정을 거쳐야 해요. 이렇게 하면 정리 수납 시스템을 만드는 데 도움이 됩니다. 그리고 물건과 공간에 대한 사용 사례가 명확해져서 실패할 가능성도 적죠.

3. 공간을 사용할 사람이 누구인지 고려하기. 여러 번 반복해서 이야기할 만큼 중요해요. 각각의 영역을 어디에 어떻게 배치하는지가 꾸준한 유지 관리의 핵심이에요. 물건은 아이들의 손이 닿을 수 있게 낮은 선반에 보관해야 할까요, 아니면 손이 닿지 않는 높은 선반에 보관해야 할까요? 현관문으로 이어지는 통로는 모든 가족들에게 편리하게 되어 있나요?

이런 사항들을 미리 고려한다면 모든 가족 구성원이 정리 시스템을 잘 따를 수 있지 않을까요?

자기 관리를 위한 정리 아이디어

건강 관리 원칙

모닝커피
조애나: 디카페인 커피나 50% 디카페인 커피. 전날 피곤한 하루를 보냈다면 일반 커피를 마신다.
클리아: 에스프레소 2샷을 시작으로, 시도 때도 없이 온종일 마신다.

매일 꾸준히 하는 운동
조애나: 발레 수업을 가거나 밖에서 러닝을 한다.
클리아: 그녀에게 매일 하는 운동이란 없다.

식사 습관
조애나: 채식주의자인 척하면서 빵, 베이글, 토마토, 오이, 피클, 케이퍼, 아보카도, 감자튀김을 먹는다.
클리아: 조애나와 완전 반대로 치즈, 고기, 생선, 그리고 과일을 먹는다.

영양제
조애나: 비타민의 효능을 믿지 않는다.
클리아: 각종 비타민을 잔뜩 구비하지만 매번 먹는 걸 잊어버린다.

명상의 순간
조애나: 스웨디시 피시 젤리 한 통을 먹는 순간(확실히 채식주의자 아님).
클리아: 샴페인 마시는 순간(당연히 1잔 이상).

보시다시피 자기 관리의 방법은 사람마다 다르고, 우리는 각자의 방식을 모두 존중한답니다. 의뢰인들의 루틴과 방식을 정돈하는 것은 우리에게 정말 즐거운 일이에요. 우리가 일상의 즐거움을 배가시킬 수 있다는 걸 이미 알고 있기 때문이죠. 우리를 만나기 전까지 대부분의 고객들은 매일의 루틴이 하루 중 얼마나 중요하고 소중한 순간인지 깨닫지 못하죠. 자기 관리를 위한 공간을 꾸미는 것보다 더 좋은 방법이 있을까요?

알찬 하루를 보낼 수도 있도록 집의 한 부분을 정신적, 육체적 자기 관리의 공간으로 꾸미는 건 어때요? 모든 것들이 구비되어 있는 홈 카페나 선반 위 요가 스튜디오 같은 공간 말이에요. 이런 공간을 만드는 건 여러분 인생에서 가장 보람된 정리 정돈 프로젝트가 될 거예요!

아침형 인간이라면

우리 인스타그램 계정을 잠시만 들여다봐도, 우리가 얼마나 홈 카페 공간을 좋아하는지 알 수 있죠. 차, 커피, 코코아 등 어떤 음료가 됐건 카페 아이템들은 정리하는 재미가 있어요.

서랍에 수납하기

1단계: 다양한 티백을 카페인의 함량, 차의 종류, 그리고 티백의 모양에 따라 분류했어요. 크기가 너무 크거나 모양이 일정하지 않은 티백들은 다른 칸에 따로 수납했고요.

2단계: 예쁜 틴 케이스에 담겨 있는 찻잎은 그대로 넣어두었어요.

3단계: 티백 옆에 도구들을 놓아 정리를 마무리했어요.

우리는 티백들을 무지개 색상 순서로 정렬하는 것을 좋아해요. 빨간색 포장지는 보통 카페인이 함유된 차, 주황색과 노란색 포장지는 감귤류 향의 차, 녹색 포장지는 녹차, 그리고 파란색과 보라색 포장지는 밤에 마시는 허브차가 많아요. 그래서 이런 색상별 분류는 나름의 의미가 있죠.

셸레셜 시즈닝스(Celestial Seasonings, 미국의 허브티 회사)에서 판매하는 것처럼 개별 포장이 안 된 티백들은 둥근 통에 따로 보관해요.

선반에 수납하기

1단계: 차와 커피의 양을 가늠해보세요. 보관 통에 담아 선반에 수납하는 것이 제일 좋을 것 같지 않나요? 우리는 이 공간을 홈 카페로 만들기로 결정했죠.

2단계: 다양한 음료를 마실 수 있도록 머그잔과 주전자, 그리고 스무디 믹서기도 함께 놓아두었어요.

냉장고 정리하기

자기 관리의 시작은 건강한 식단에서 시작하죠. 채소와 날 음식, 그리고 신선한 허브를 냉장고에 가득 보관해둔 대부분의 의뢰인들을 볼 때마다 의뢰인의 건강한 생활 습관을 응원하는 마음으로 우리의 임무인 정리 정돈을 시작한답니다. 많은 메모들을 하면서 말이죠.

1단계: 세상의 모든 냉장고는 공간이 부족하기 마련이죠. 주스, 유제품, 가공식품, 스프레드와 소스, 고기와 치즈, 그리고 신선 식품들을 위한 공간들로 각각 분류합니다.

2단계: 신선도를 유지해야 하는 허브들은 잼 통 같은 긴 병에 약간의 물을 담아 냉장고 문 쪽 서랍에 수납합니다.

3단계: 포장지는 가능한 벗겨내고 재사용이 가능한 수납 용기에 옮겨 담았어요. 달걀은 포갤 수 있는 수납함, 우유와 주스는 뚜껑이 있는 유리병, 잘라둔 과일은 투명한 유리 용기에 담았어요.

티파니 티센(Tiffani Thiessen, 미국의 배우)의 냉장고 정리도 비슷한 방식을 사용했어요. 그런데 티파니가 요리를 워낙 자주 하기 때문에 더 넓은 수납공간이 필요했죠. 심지어 그녀는 요리에 필요한 대부분의 재료를 텃밭이나 닭장에서 직접 얻고 있었어요.

　　그래서 우리는 회전판으로 된 원형 수납함에 다양한 허브를 담고, 그 옆에 수제 스프레드, 소스, 그리고 절임 식품들을 놓았어요. 간식으로 가장 즐겨 찾는 과일은 신선도가 금방 떨어지기 때문에 뚜껑이 없는 통에 담아두었답니다. 우리는 시판 음료수를 주로 마시지만, 신선한 압착 주스를 좋아한다면 뚜껑이 달린 통에 보관하는 것이 좋아요. 마시기 직전까지 신선도가 유지되기 때문이죠.

자기 관리를 위한 정리 아이디어

홈 트레이닝을 위한 공간 수납

'운동할까?' 아니면 '그냥 건너뛸까?'라고 고민하는 오래된 질문에 대한 답은 의외로 쉬워요. 가까운 피트니스 클럽이건, 좋아하는 요가 스튜디오건, 새로운 러닝 코스를 발견했건, 운동에서 '업무적인 요소'를 배제한다면 실제로도 운동할 가능성이 더 높아지겠죠.

집 안에 홈 트레이닝을 위한 공간을 마련하는 것은 바쁜 하루 중에 잠깐의 짬을 내 운동할 수 있는 좋은 방법이에요. 트레드밀이나 스테퍼를 구비할 필요 없이, 아령과 요가 매트만으로도 각자의 목표를 달성할 수 있어요. 언젠가는 저희의 조언을 꼭 실천해 보시길 바라요!

1단계: 운동에 필요한 기구들을 분류해 각각의 라벨이 부착된 수납함에 보관했어요.

2단계: 차고 안의 선반을 정리해서 집 안에 있는 선반과 합쳤어요. 혼자 들어 올릴 수 없는 무거운 중량의 역기나 아령들을 제외하고는 모든 물건을 한 곳에 둘 수 있도록 용도에 맞게 정리했고요.

3단계: 모든 구역을 연결했어요. 운동 기구들은 팔이 닿을 수 있는 곳에 수건, 물병과 함께 놓아두고, 바닥에는 운동 매트를 깔아놓았어요.

집에 홈 트레이닝을 위한 공간이 없거나, 집에서 하는 운동보다 필라테스 수업을 선호하는 분들이라도 운동 기구들 정리를 위한 작은 공간은 할애할 수 있겠죠.

목욕 및 미용 제품의 수납

바쁘게 생활하는 사람들에게 여분의 생활필수품들은 꼭 필요하죠. 그런데 케이티 페리(Katy Perry, 미국의 가수)만큼 바쁜 사람이 또 있을까요? 그녀는 투어 공연, 〈아메리칸 아이돌〉의 심사, 그리고 신발 디자인까지— 이건 아주 일부에 불과하답니다 —하느라 필요한 물건을 찾아 헤맬 시간이 없답니다. 엡솜 솔트(Epsom salt, 할리우드의 배우들이 즐겨 찾는 입욕제)와 프로바이오틱스는 그녀의 욕실에 늘 있어야 하는 필수품이죠. 건강은 스스로 지켜야 하니까요!

1단계: 비타민과 건강기능식품들, 여분의 욕실용품들과 여행용 제품들, 헤어용품, 야외용 스프레이와 입욕제 등을 각각의 선반에 분류해 두었어요.

2단계: 제일 중요한 위치인 가장 아래쪽 선반 공간을 위해 컨테이너 스토어(The Container Store, 미국의 정리 수납 용품 유통 회사)의 다용도 수납함을 겹쳐놓아 활용도를 높였는데, 다양한 크기의 서랍 수납함을 함께 사용해 용도에 맞게 공간을 분류했어요. 매일 복용하는 종합 비타민처럼 수시로 사용하는 물건은 기능적이면서도 불편하지 않게 정리하는 것이 우리의 목표랍니다. 선반이 물건들로 가득 차 있으니, 높은 쪽 선반에는 숨통이 트일 만한 공간을 남겨두었죠.

3단계: 어디에 둘지 대략의 자리를 정한 뒤, 짝을 이루는 물건들을 수납함의 앞쪽에 배치해 미적인 요소를 더했어요. 리스테린(Listerine, 구강청정제)을 나란히 줄 세워 놓은 건 신의 한 수라고 봐요.

　클로이 카다시안(Khloe Kardashian, 미국의 모델 겸 방송인)의 좁고 깊은 선반을 최대한 활용하기 위해서는 서랍형 수납함을 사용했어요. 무거운 물건들은 아래쪽 선반에 넣고요(사다리까지 사용해 무거운 물건들을 머리 위로 나르고 싶진 않잖아요). 클로이는 이미 완벽하게 정리 정돈이 잘 되어 있는 사람이기 때문에 약간의 도움만으로도 충분했답니다.

올리비아 컬포(Olivia Culpo, 미스 유니버스)의 욕실을 정리할 때는 가능한 많은 물건들을 쉽게 꺼낼 수 있도록 수납하는 것이 목표였죠. 그녀는 실제로 이 많은 화장품들을 매일 사용하거든요. 앞으로 더 늘어날 물건들은 그녀의 엄마를 위해 위쪽 선반에 추가한 수납함을 활용해 수납할 수 있도록 했답니다.

자기 관리를 위한 정리 아이디어

〈크리슬리, 최상류를 말하다 Chrisley Knows Best〉에 출연 중인 사바나 크리슬리(Savannah Chrisley)의 욕실 수납장을 보면 그녀가 다양한 제품의 시도를 즐긴다는 걸 알 수 있어요. 충분히 넓은 공간에서 그녀가 얼굴 팩을 한 채 거품 목욕을 즐기는 모습을 본다면 누구든 모든 제품들을 그냥 갖고 있으라고 할 거예요.

true story

사바나의 욕실을 정리하는 내내, 그녀는 세포라(Sephora, 코스메틱 전문숍)에서 구매 예정인 화장품 사진들을 저희에게 보냈답니다!

건강 보조식품 마니아

요즘은 조금이라도 몸에 이롭다고 하면 귀가 솔깃해지죠. "강황으로 만든 알약이라고요? 주세요", "커피에 콜라겐 펩타이드가 함유되어 있다고요? 저 그거 살게요!" 이런 대화가 쉽게 오고 갑니다. 실제로 어떤 효능이 있는지 확신할 순 없지만, 많은 사람들이 기꺼이 실험 대상을 자처하죠.

우리는 의뢰인이 영양제, 오일, 분말, 티 등을 쌓아놓는 건강식품 마니아라고 판단되면 이 모든 것들을 한곳에 모아 둘 수 있는 구역을 정해요. 원형 수납함 속에 작은 병들을 줄 세우는 일은 보기에도 좋고 재미도 있는 작업이에요. 별 다섯 개를 줄 수 있을 정도로 강력 추천하는 수납 방법이죠.

1단계: 건강 보조식품 수납장 정리의 첫 번째 단계는 자신에게 건강이 어떤 의미인지를 생각해 보는 거예요. 각종 건강 보조식품들이 일상의 루틴인지, 아니면 아주 가끔 말차를 만드는 데 필요한 것들인지 말이죠. 후자의 경우라면 어쩌다 사용하는 물건들의 수납을 위해 소중한 공간을 내어줄 필요가 없다는 깨달음을 주기도 하죠.

2단계: 다양한 종류의 차는 이 가정의 필수품이었기 때문에 감미료와 티백을 담은 통을 맨 아래 선반 가운데에 수납했어요.

3단계: 높이가 높은 중간 선반의 공간 활용을 위해 이층 원형 수납함들을 놓고 영양 보조제가 들어 있는 작은 병들을 수납했어요.

우리는 의뢰인이 혼자서도 셰이크를 만들어 먹는 스무디 애호가인지 한눈에 알아차릴 수 있어요. 그들 대부분이 어디에도 수납이 쉽지 않은 대용량 단백질 파우더 통을 어디에 놓아야 하는지 물어보죠. 부피와 크기가 큰 물건들은 뚜껑이 없는 수납 통에 담아서 보관하세요. 보기에 좋지는 않지만 적어도 함께 보관할 수 있기 때문이죠.

다시 말하지만, 믹서기같이 무거운 품목들을 낮은 선반에 보관하는 것이 좋아요.

천연 에센셜 오일도 건강을 위한 필수품 중 하나죠. 우리에게 낯선 에센셜 오일 컬렉션을 처음으로 정리하던 어느 날, 의뢰인이 우리에게 "설마 오레가노 오일을 만진 건 아니죠?"라고 물으며 방으로 뛰어 들어갔어요. "죄송하지만 어떤 게 오레가노 오일이죠? 이제 우리는 어떻게 되나요?"라고 대답했답니다. 오레가노 오일은 휘발성이라는 사실을 그때 처음 알게되었지요. 그래도 무지개색의 순서로 줄지어 있는 작은 오일 병들을 보면 기분이 좋아요. 끝이 좋으면 다 좋은 거 아니겠어요?

만약 에센셜 오일의 사촌인 커다란 비타민 젤리 병을 담을 수납장이 없다면 서랍을 이용하세요. 평평하게 눕혀서 보관할 수도 있고, 종류/성격에 따라 서랍 칸막이로 구분할 수도 있거든요.

디지털 시대의 정리 아이디어

좋든 싫든(조애나는 싫어하지만) 우리 모두는 디지털 시대에 살고 있어요. 누군가 펜과 종이를 빼앗아가지 않는다고 해도, 요즘은 컴퓨터로 입력하고 클라우드에 저장해 두지 않으면 기록을 남기기 어렵죠. 만약 아무도 인스타그램에 일상 속 사진을 업로드해 기록으로 남겨두지 않았다면 아무 일도 없었던 것처럼 되어버릴지도 몰라요. 스마트폰 충전기를 챙기지 않아서 배터리가 3%만 남은 상황에서 며칠을 보내야 한다면 여러분의 대답은 어떨까요(방금 클리아의 등골이 오싹해졌어요). 당연히 "절대 불가능해요!"일 거예요.

어쨌든 이런 디지털 세상에서 살아남기로 결정했다면 전자 기기를 능숙하게 다루는 생존주의자가 돼야겠죠(조애나는 동의하지 않지만). 여러분이 디지털 시대에 얼마나 발맞춰 살고 있는지 테스트를 통해 확인해 볼까요?

당신은 디지털 세대, 아니면 아날로그 세대?

1. 이메일 주소가……
   a. @gmail.com으로 끝난다.
   b. @sbcglobal.net으로 끝난다.

2. LOL의 뜻은……
   a. Laughing Out Loud. '큰 소리로 웃다'의 준말.
   b. Lots of Love. '크나큰 사랑'의 준말.

3. 여행 갈 때……
   a. 3개의 스마트폰 충전기, 보조 배터리, 두 종류의 헤드폰, 태블릿 PC, 그리고 노트북을 챙긴다.
   b. 다운로드는 귀찮거나 방법을 몰라 아이가 사용하는 태블릿 PC에 이미 다운로드 되어 있는 '애완동물의 비밀 생활(The Secret Life of Pets)'을 그냥 본다.

4. 차에서……
   a. 팟캐스트를 듣는다.
   b. 플레이리스트의 동요를 듣는다. 아이들이 두 살이 되고 나서는 음악을 업데이트하지 않았다.

5. 문자를 보낼 때……
   a. 간결하고 상냥하게 쓰며, 이모티콘을 사용하는 경우는 절반 정도이다.
   b. 하단의 서명과 함께 이메일 분량의 긴 문자를 보낸다.

대부분 A라고 대답했다면 여러분이 21세기의 일원임을 인정합니다. 축하드려요! 이미 장비와 다양한 구성 요소에 관심을 갖고 있으니 이 책은 틀림없이 여러분을 위한 책이에요. 저희가 전선 뭉치들을 정돈하고, 각종 전자 기기들의 수납을 도와드릴게요.

대부분 B라고 대답했다면 일단 기분 나빠하지 마세요. 조금만 더 노력하면 디지털 시대에 발맞출 수 있어요. 이 책을 아이패드로 읽고 있지는 않을 테니, 다음 페이지부터는 형광펜을 준비하세요!

true story

클리아의 어머니 로버타는 LOL의 뜻이 정말로 'Lots of Love'라고 알고 있었어요. 그래서 이메일 서명으로 한동안 'LOL, Roberta'라는 문구를 사용하곤 했죠.

전자 기기들로 가득한 공간

클로이 카다시안은 책에서부터 전자제품까지 수납장의 모든 물건을 수납하는 데 있어 색상 코디를 중시해요. 거의 완벽에 가깝게요. 정리 수납에 있어서 우리와 의견이 대부분 일치하기 때문에 그녀와의 작업은 꿈같은 시간이었죠. 사무 공간 수납장은 그녀의 바쁜 업무와 여행 일정에 맞게 모든 것들을 꺼내 쓰기 쉽도록 정리했어요.

1단계: 일단 수납장을 모두 비웠어요. 그런 뒤 카메라, 다양한 종류의 필름, 그리고 헤드셋 등으로 분류했어요.

2단계: 클로이는 저희만큼이나 정확성을 중요하게 여기기 때문에 모든 공간이 완벽하게 들어맞도록 중점을 두었어요. 층층이 포갤 수 있는 수납함을 사용하면 각각의 물건을 성격에 따라 분류하는 동시에 수납할 수 있어요.

3단계: 헤드셋과 스피커 컬렉션만큼 카메라 장비들도 중요하기 때문에, 서로 뒤엉키지 않도록 각각의 수납함에 보관했어요.

충전 스테이션

사용하는 스마트폰의 배터리 수명이 50% 이하로 떨어지면 마음이 불안해 지지 않나요? 배터리 표시가 붉게 변하면 심장이 두근거리나요? 하지만 걱정할 필요가 없어요. 왜냐하면 많은 사람들이 흔히 겪는 증상이기 때문이죠. 해결 방법은 아주 간단해요. 충전기를 꽂을 데를 정하기만 하면 되거든요. 집, 사무실, 자동차 등 대부분의 시간을 보내는 곳 어디든 상관없어요. 여분의 충전기를 늘 챙기는 것도 좋은 생각이지만(92페이지의 '잦은 출장과 여행' 챕터 참조!), 전체 시간의 75% 이상을 보내는 곳에 충전 스테이션을 만든다면 잠시라도 세상과 단절되는 것에 대한 신경쇠약을 겪지 않을 가능성이 75% 더 높아지겠죠.

왼쪽 사진을 보세요. 거실 한구석에 만든 이 충전 스테이션에는 연결된 코드들이 눈에 잘 띄지 않도록 각별한 신경을 기울였어요. 주변 공간을 방해하지 않으면서 태블릿 PC와 스마트폰을 충전시킬 수 있죠.

충전할 기기가 여러 대 있거나 온 가족이 스크린 타임을 모니터링할 수 있는 충전 스테이션을 만들고 싶다면 책꽂이형 선반(77페이지 참조)과 멀티 USB 포트를 사용하면 좋아요. 모든 노트북, 스마트폰, 태블릿 PC를 걱정 없이 밤새 충전할 수 있으니까요.

충전이 필요한 기기가 5대 이상이라면 필요한 만큼의 책꽂이 선반을 더 세워두면 돼요.

전자 기기 수납

모든 전자 기기에는 여분의 케이블 선, 어댑터, 액세서리 등이 함께 제공되죠. 노트북, 헤드폰, 그리고 스마트폰이 전부 하나의 케이블로 충전될 수 있는 날을 기약하며(이런 대단한 아이디어는 왜 해결되지 않는 걸까요? 그렇게 어려운 일 같지 않은데 말이죠) 그때까지는 모든 것들을 한곳에 모아 정리합니다. 그러면 사용하기도 훨씬 수월하고, 서랍 속에서 코드들이 꼬이고 뒤엉키는 상황도 방지할 수 있어요.

1단계: 전원 어댑터, 케이블, 헤드폰, 보조 배터리를 비롯한 모든 부품들을 종류별로 구분해 짝을 지어 놓았어요. 정말이지, USB 케이블은 지금까지 발명된 것 중 최악의 물건이에요!

2단계: 아직도 케이블 더미들과 씨름하고 있으신가요? 그렇다고요? 그래서 이럴 경우엔 서랍 칸에 보관하기로 했어요.

3단계: 모든 케이블과 헤드폰 줄을 코드 타이로 감아서 엉키지 않도록 묶었어요.

케이블 정리가 지루한 작업이 되지 않게 약간의 감각을 발휘했는데, 열정이 넘치다 보니 거의 한 편의 시를 썼네요.

디지털 시대의 정리 아이디어

사진 정리

전문 사진작가가 아닌 이상 대부분의 사람들은 스마트폰으로 사진을 찍죠. 마치 안셀 애덤스(Ansel Adams, 미국의 사진작가)가 된 마냥 아이폰을 꺼내 들고 일몰 사진을 찍는답니다. 저희가 직접 찍고 공유하는 사진 대부분도 이런 디지털 사진이에요.

사진을 디지털 방식으로 저장하고 정리하면 편리한 점이 많아요. (여러분의 자녀나 그다음 세대가 몇 십 년 동안 지하실 무거운 상자 속에 들어 있던 오래된 앨범들을 보며 추억과 감상에 젖을 거라고 믿는 건 아니겠죠?)

1. 종이로 된 모든 물건은 분실되거나 손상되기 매우 쉬워요. 어느 누구도 지하실 침수로 망가진 낸시 할머니의 결혼 사진에 대해 죄책감을 느낄 필요 없어요. 디지털 사진은 언제든지 다시 현상할 수 있지만, 현상된 사진만 있는 경우 한 번 잃어버리면 되돌릴 수 없답니다.

2. 앨범과 보관 상자는 상당한 공간을 차지해요. 많은 사람들이 추억의 사진들을 자주 들여다보진 않지만, 감상적인 이유로 처분하지 못하고 있죠(우리는 후손들에게 늘 피곤해 보이는 것은 아니었다는 사실을 증명하기 위해서 보관하고 있어요). 휴가 중에는 누가 감자튀김을 시켜도 칼로리를 계산하지 않는 것처럼, 디지털 사진은 물리적인 흔적을 남기

'클라우드'에서 데이터가 없어질까 봐 걱정된다면 '하드 드라이브'를 사용하세요. 하드 드라이브는 개인 정보의 유출을 걱정하는 사람들에게 적절한 대안이기도 하죠. 하지만 인스타그램을 통해 일상적으로 개인적인 사항들을 공유하는 경우를 보면, 많은 사람들은 자신들의 라이프스타일의 방식을 바꿀 만큼 충분히 신경을 쓰고 있는 것 같지 않아요.

지 않기 때문에 원하는 만큼 사진들을 저장해 둘 수 있어요.

3. 솔직히 손 하나 까딱하지 않는 인생을 살고 싶지 않나요? 선반에서 무거운 앨범을 꺼내거나 상자 속을 뒤지는 대신 클릭 한 번으로 사진을 찾아보고 싶지 않나요? 검색 창에 키워드를 입력하면 찾고 있는 특정 사진이 바로 뜨는 것은 정말 마법 같은 일이에요.

4. 사진을 원하는 대로 편집할 수도 있어요. 1975년에 찍은 오래된 사진의 색을 보정하거나 2019년 사진 속 얼굴의 주름을 펴고 싶을 때도, 비싸고 전문적인 서비스 없이 다양한 사진 편집 프로그램과 앱을 통해 사진의 화질을 바꿀 수 있어요.

디지털 사진을 정리하는 방법을 알아보기 전에 기본적인 사항을 알려드릴게요.

디지털 이전의 사진들

일단은 전부 스캔을 해야 해요. 미안하지만 그보다 편한 방법이 없어요. 시간이 오래 걸려도 그만한 가치가 있는 작업이라고 말씀드릴게요.

1단계: 우선 좋은 스캐너를 구매하세요. 트레이가 달려 있고, 사진의 크기가 조정되며, 순차적으로 사진을 전송할 수 있는 스캐너가 좋아요. 색상 보정과 편집 기능이 내장된 스캐너라면 더할 나위 없죠. 스캔한 사진들을 바탕 화면의 지정 폴더로 이동할 수 있게 선택하고 구분합니다.

2단계: 스캐너마다 기능이 다르므로 기술적인 단계는 생략할게요. 그러나 꽤 쓸 만한 스캐너들의 공통점은 사진을 바탕 화면에 자동으로 폴더를 만들어 전송한다는 점이에요. 이 폴더(보통 스캐너의 이름을 따와요)는 사진들을 위한 연옥 같아요.

> 인내심을 갖고 조금씩 천천히 시작합니다. 주말 동안 끝낼 수 있는 프로젝트가 절대 아니거든요. 앨범 한 권이나 작은 사진 상자 하나부터 시작하도록 계획을 세우세요. 여러 번 하다 보면 사진을 업로드하고 분류하는 과정을 더 쉽게 관리할 수 있을 거예요.

3단계: 바탕 화면에 '사진' 폴더를 만들고, 그 폴더 안에 가능하면 연도별로 하위 폴더로 만들어요. 스캐너 폴더 속 사진을 해당 사진이 속한 하위 폴더로 옮겨요. 필요하면 하위 폴더 안에 또 다른 하위 폴더를 만들면 돼요.

4단계: 사진이 올바른 폴더로 옮겨졌으면 각 사진의 '정보(info)' 버튼(iPhoto를 사용하는 경우 'i 버튼'을 찾으면 돼요)을 클릭하고, 쉽게 검색할 수 있게 키워드와 태그를 추가합니다.

5단계: 사진을 저장할 방법을 결정합니다. 먼저 바탕 화면에 사진을 저장하고 하드 드라이브로 옮기는 것을 선호하는 사람들도 있고, 또 어떤 사람들은 아이포토(iPhoto, 디지털 사진을 관리해 주는 응용 소프트웨

> 태그와 키워드는 원하는 사진을 쉽고 빠르게 검색하는 데 도움이 돼요. 예를 들어, 가족 휴가 중 해변에서 찍은 사진이라면 #해변 #가족 #휴가라는 단어를 태그로 달아두세요. 다양한 해변 사진들이 여러 장 있더라도 필터링하기가 더 수월해져요.

어) 이용을 선호하기도 하죠. 암호를 사용하는 드롭박스(Drop box, 디지털 작업 공간)나 스머그머그(SmugMug, 사진 공유 서비스)와 같은 서비스를 사용하여 사진을 저장하는 방법도 있어요. 일단 이런저런 방법들을 알아본 후 본인에게 맞는 시스템을 사용하면 돼요.

무지개 정리법은 늘 옳다

우리의 첫 번째 책이나 인스타그램 계정을 통해 우리에 대해 조금이라도 알고 계신다면 우리가 프로젝트나 일상 속에서, 심지어 스마트폰 속에서도 무지개 정리법 애호가라는 사실을 알고 계실 거예요. 무지개 색상의 순서로 정돈된 앱들로 가득 찬 우리 스마트폰 홈 화면을 본 사람 가운데 열의 아홉은 우리가 제정신인지 궁금해하죠(대답은 물론 예스).

사람들은 다양한 앱들이 색상별로 정리되어 있으면 필요한 앱을 찾기가 어려울 것 같다고 해요. 아마도 '와우!'라는 탄성과 함께 자신들에게 벌어질 일들을 상상하지 못할 거예요. 그게 바로 인생이죠. 이제 왜 이 방법으로 앱들을 정리하는 게 가장 실용적인지 우리가 장황한 설명을 늘어놓을 차례예요.

무지개 정리법에 대해 설명하기 전에, 왜 이 방식을 택하는지부터 알려드릴게요. 앱 아이콘은 임의로 선택한 것이 아니라 의도적으로 디자인한 것들이에요. 게다가 수많은 다른 앱들 사이에서도 인식이 잘 되고 쉽게 기억되도록 디자인되었죠. 우선 어떤 앱이 무슨 색인지 질문할게요.

페이스북(Facebook) 앱은 무슨 색이죠? 블루. 인스타그램(Instagram)은? 퍼플. 스포티파이(Spotify)는? 그린. 우버(Uber)는? 블랙. 리프트(Lyft)는? 핑크. 웨이즈(Waze)는? 블루. 이미 우리는 많은 앱들의 모양이나 색을 알고 있다는 사실을 깨닫게 되죠. 그 외 다양한 색깔의 앱 아이콘들은 무지개 섹션에 포함시키면 돼요. 인간의 뇌는 사물을 시각적으로 쉽게 인식할 수 있는 기능이 있어요. 우리가 사용하는 앱이 어떻게 생겼는지 무의식적으로 이미 기억하고 있다는 뜻이죠.

스마트폰 속 다양한 앱들이 사회, 뉴스, 여행 등 유형별로 정돈되어 있다면 그 방법도 괜찮아요. 쓰는 데 불편함이 없다면요! 하지만 보통은 사용자가 시각적으로 쉽게 인식할 수 없으므로 당장 필요한 앱을 찾으려면 여러 번의 스크롤과 스캔 과정을 거쳐야 하죠.

1단계: 모든 정리 정돈 프로젝트는 편집부터 시작돼요. 버리는 것이 중요하죠. 자주 사용하지 않는 오래된 앱이나 아예 사용하지 않는 앱은 홈 화면만 지저분하게 할 뿐이니 없애도록 합니다.

2단계: 색상별로 정리된 폴더로 앱을 모아줍니다. 특정 색상이 더 많은 경우(파란색과 녹색 아이콘이 일반적으로 더 많아요), 흰색이나 검은색 배경이 있는 앱들로 나눠 단색인 앱과 분리할 수 있어요.

3단계: 가장 자주 사용하는 앱은 쉽게 찾을 수 있게 맨 위에 배치합니다. 색상 폴더 안의 앱들을 배열하는 것이 가장 중요하죠.

4단계: 폴더에 있는 앱과 색상이 어울리는 이모티콘을 제목으로 선택합니다. 이 단계가 가장 재미있는 과정이에요.

잦은 출장과 여행을 위한
정리 아이디어

이번 챕터는 남 일 같지 않아요. 왜냐하면 우리도 수시로 출장을 가니까요. 14일 이상 집 근처를 벗어나지 않는다면 기적 같은 일이죠. 넘쳐나는 매일의 일과와 출장 업무를 해결하기 위해 우리에게는 잘 정리된 업무 시스템이 필요했어요. 아래의 출장용 항공권 예약 시스템처럼 말이죠.

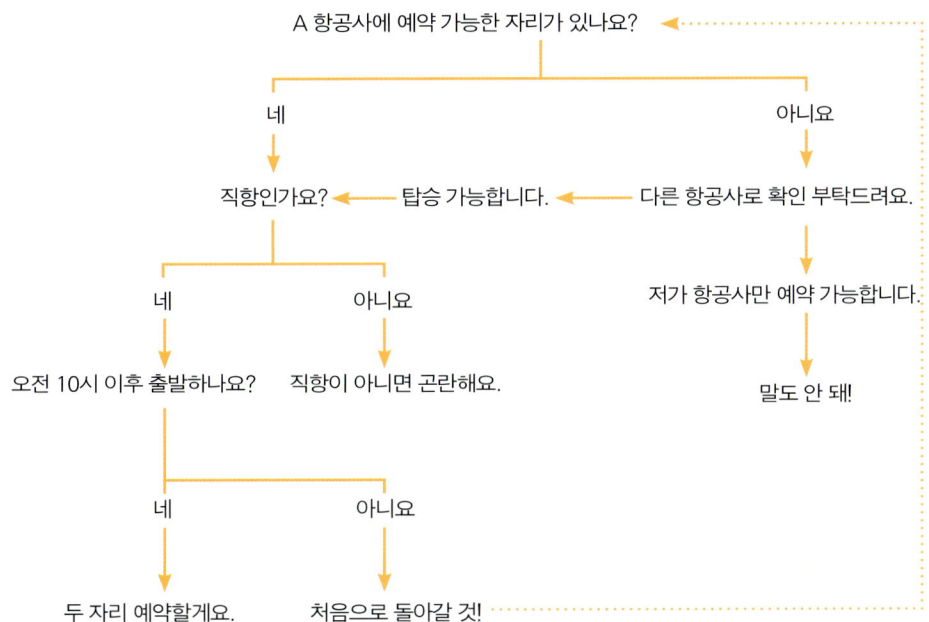

우리 팀원 누구도 더 이상 항공권 예약 업무는 하고 싶지 않을 것 같았어요. 결국 모두의 평화를 위해 여행사 직원을 고용하게 되었죠.

우리는 모든 일에 체크 리스트를 만드는 편이에요. 나이를 먹을 만큼 먹어서인지, 이제는 적어두지 않으면 바로 기억에서 빠져나가는 느낌이거든요. 가끔은 여행 가방을 싸는 것 같은 습관적인 일들도 제대로 메모해 둔 목록 없이는 꽤 엄청난 도전처럼 느껴질 때가 있거든요. 특히 백만 가지 다른 일들과 씨름하다 지쳐 짐을 싼다면 칫솔이나 속옷 없이 일주일간 여행을 하게 될지도 몰라요.

출장 준비 체크 리스트

아래 항목이 모든 사람과 모든 여행에 적용되는 것은 아니지만, 우리는 출장 준비를 할 때 늘 동일한 목록으로 필요한 항목들을 재차 확인해요. 체크 리스트에 주석을 달아 여행하는 동안 사용한 것과 사용하지 않은 것을 표시해두면 다음번 여행 준비를 더 효율적으로 할 수 있어요.

옷
- [ ] 저녁 외출복
- [ ] 재킷
- [ ] 매일 갈아입을 옷
- [ ] 잠옷
- [ ] 매일 갈아 신을 양말
- [ ] 매일 갈아입을 속옷
- [ ] 운동복

신발
- [ ] 일상화
- [ ] 외출용 구두
- [ ] 운동화

액세서리
- [ ] 벨트와 주얼리
- [ ] 핸드백
- [ ] 모자
- [ ] 선글라스

세면도구
- [ ] 렌즈 세척액과 케이스
- [ ] 콘택트렌즈
- [ ] 화장품
- [ ] 세안용품
- [ ] 세안 티슈
- [ ] 헤어용품
- [ ] 머리빗
- [ ] 면도기
- [ ] 치약
- [ ] 칫솔

그 외 필수품
- [ ] 충전기
- [ ] 접이식 우산
- [ ] 헤드폰
- [ ] 비상약
- [ ] 목베개
- [ ] 스마트폰
- [ ] 노트북/태블릿 PC

완벽하게 짐 싸는 법

우리의 완벽하게 정리 수납하기 기술 중에 '출장용 짐 싸기'를 목록에 추가할 예정이에요. 출장이나 여행이 잦은 분들에게 필요한 물건들을 모두 담아갈 수 있는 우리만의 비밀을 소개할게요.

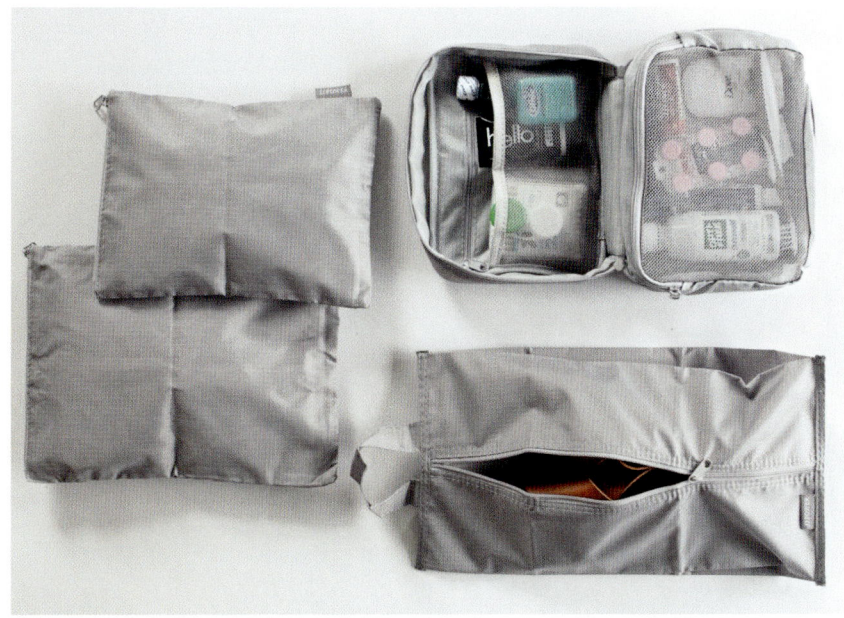

1단계: 큐브형 여행용 파우치는 여행 가방의 판도를 바꿔놓은 수납 용품으로, 짐을 싸거나 푸는 과정을 훨씬 수월하게 해요. 짐을 담는 가방과 어울릴 만한 파우치 세트를 찾는 것이 요령이에요.

2단계: 윗부분이 망사로 되어 있는 파우치는 옷의 환기에도 좋을뿐더러 안에 어떤 옷이 들어 있는지 쉽게 알 수 있어요. 옷들을 제대로 개서 파우치에 넣기만 하면 되죠.

3단계: 속옷이나 이미 입은 옷들은 불투명한 파우치에 수납하는 것이 좋아요. 굳이 공기가 잘 통하게 하려고 여행 가방의 열쇠를 열 필요는 없을 테니까요.

4단계: 여분의 신발이나 주얼리 같은 물건을 챙길 때도 파우치를 사용하지만, 아무래도 세면도구들을 넣을 파우치에 신경을 가장 많이 써요. 내용물들이 안에서 여기저기 뒹굴지 않도록 지퍼가 많이 달린 파우치를 사용하는 것이 좋아요. 물에 젖을 수도 있으니 방수 소재로 만들어진 것을 사용하죠.

체크아웃 할 때 확인할 것

- [ ] 옷장에 있던 물건들
- [ ] 서랍에 있던 물건들
- [ ] 금고에 있던 물건들
- [ ] 화장실에 있던 물건들
- [ ] 주얼리
- [ ] 스마트폰 충전기

true story

최근에 5일 동안 런던에 다녀왔는데, 우리 둘이 여행 가방을 8개나 갖고 갔거든요. 공항의 체크인 데스크에서 나머지 일행은 언제 오냐고 물어보더군요.

해외여행을 자주 한다면

외국 돈이 특별한 이유는 무엇일까요? 아마도 각기 다른 다양한 색상 때문 아닐까요. 다른 나라로 여행을 자주 간다면 다음 여행에 사용할 수 있도록 남은 지폐들을 통에 담아 보관하면 좋아요. 호텔에서 체크인할 때에 그 나라 돈으로 팁을 준비해 건네면 많은 도움이 될 테니까요.

이너 백 파우치

핸드백을 들든, 기내 반입용 캐리어를 챙기든 이너 백 파우치처럼 정리 수납에 유용한 주머니는 없을 거예요. 이해하기 쉽게 우리의 가방 속을 모두 꺼내서 보여드릴게요.

1. 충전기와 에어팟 넣는 주머니가 달린 노트북과 아이패드 케이스
2. 화장품 파우치
3. 선글라스 케이스
4. 비상약 파우치
5. 간식용 파우치

간식용 파우치는 어떤 핸드백보다 중요해요. 적어도 에너지 바 두 개, 아몬드 한 팩, 저탄수화물 토르티야 없이 집을 나서고 싶지는 않으니까요.

true story

가끔은 우리가 꽤 독특한 식습관을 갖고 있다는 사실을 잊어버려요. 하지만 어느 날 멕시코에 있는 한 식당에서 저탄수화물 토르티야(Tortilla, 멕시칸 음식의 일종)를 꺼냈을 때, 우리를 바라보는 사람들의 표정을 보며 잊고 있었던 사실을 새삼 깨달았죠.

자동차 트렁크 정리하기

자동차 트렁크는 접을 수 있는 수납 케이스를 구입해서 자주 사용하는 물건들을 담아놓기만 하면 돼요. 아래 예를 볼까요.

1. 종이 타월
2. 수건
3. 여분의 신발
4. 우산
5. 생수
6. 펜과 노트
7. 어린이용 자동차 게임기

자동차 트렁크를 정리하며 아이들이나 반려동물에게 필요한 것이 무엇인지 생각해 보세요. 나와 가족들의 라이프스타일을 고려하면 차 안에 두어야 할 항목들을 챙기는 데 도움이 될 거예요.

(예상해보는) 차량용 필수품

- ☐ 담요
- ☐ 나와 아이들을 위한 여분의 옷
- ☐ 강아지 목줄
- ☐ 여분의 스마트폰 충전기
- ☐ 머리빗
- ☐ 모자
- ☐ 재킷
- ☐ 러닝화
- ☐ 쉽게 녹지 않는 간식
- ☐ 선글라스
- ☐ 자외선 차단제
- ☐ 요가 매트

잦은 출장과 여행을 위한 정리 아이디어

리조트 여행 용품 보관하기

여행 전용 옷장이 따로 있는 것이 흔한 일은 아니지만, 일단 있다고 가정해볼게요. 만약 집에 여유 공간도 있고, 리조트 여행용 물건들이 많다면 이 물건들을 수납하기 위한 특정 구역을 만드는 것도 좋은 생각이에요.

1단계: 리조트 여행에 실제로 가져갈 물건들을 정해서(사실 우리도 휴가라든지 해변으로의 여행이 익숙하지 않아요) 한 군데에 모았어요.

2단계: 모든 물건들의 보관은 물론 공간도 최대한 활용하기 위해 아크릴 선반을 벽장 바닥에 놓고, 핸드백과 모자를 올려놓았어요. 이렇게 하면 수납과 디스플레이 효과를 모두 얻을 수 있죠.

관광버스 여행

내슈빌에 살고 있는 우리에게 관광버스 프로젝트 의뢰가 왔다는 사실이 별로 놀랄 일은 아니에요. 관광버스 내부는 모두 독특하고 각각의 분위기, 스타일, 그리고 마감재들로 이루어져 있어요. 버스에서 할 수 있는 가장 재미있는 일은 (우리와 같은 괴짜 정리 정돈 전문가라면) 모든 패널을 두드리거나 누르거나 잡아당기는 일일 거예요.

왜냐하면 몰랐던 서랍이나 문을 발견하기 때문이죠. 이층 침상을 타고 올라가 부메랑으로 커튼을 여는 것도 꽤 즐거운 일이에요. (우리의 정리 정돈 팁을 활용하기 위해 꼭 관광버스를 구매하실 필요는 없어요. 왜냐하면 레저용 자동차나 보트, 혹은 다른 좁은 공간에도 적용할 수 있으니까요.)

플로리다 조지아 라인(Florida Georgia Line, 미국의 컨트리 남성 듀오)의 타일러 허바드(Tyler Hubbard)와 그의 아내 헤일리를 위해 투어용 관광버스를 정리한 적이 있어요. 그들이 실제로 사용하기 전에 말이죠.

우리는 정리 체계를 설정할 때 의뢰인에게 질문을 많이 해요. 이미 살고 있거나 사용한 적이 있는 공간은 그들의 습관과 선호하는 바가 무엇인지 알려줘요. 그러나 추측해 볼 만한 자취나 흔적이 없는 경우에는 의뢰인으로부터 직접 정보를 얻어야겠죠.

1단계: 모든 일에 처음이 있듯이, 우리의 매장 주차장에 관광버스가 주차된 적은 그때가 처음이었어요. 대부분의 프로젝트가 저절로 들어오지는 않기 때문에 저희는 그 기회를 반드시 잡아야 했죠.

2단계: 관광버스(혹은 캠핑용 자동차처럼 바퀴 달린 집)는 아주 작은 공간도 낭비하지 않도록 설계되었기 때문에(모든 칸이 숨겨져 있을 수밖에 없는 이유죠), 각각의 수납장을 활용할 적절한 계획을 세워야 했어요. 그래서 정리를 시작하기 전에 각각의 공간에 라벨을 붙여서 로드맵을 그려보았죠.

3단계: 버스 뒤쪽에 있는 화장실부터 정리를 시작했어요. 모든 실내 공간을 멋지게 꾸미고 싶은 목표가 있었죠. 버스 안에는 서랍 공간이 제한적이라 욕실 수납장에 대부분의 필수품을 보관했어요. 수건과 화장지 둘 곳을 확인한 후, 비상약이랑 화장실에서 사용할 나머지 물건들을 보관할 수 있도록 바구니를 추가했어요.

4단계: 모든 욕실에도 그렇지만 특히 버스 안 욕실에는 물건들을 수납할 서랍이 반드시 필요해요. 물건들을 눕혀서 수납하면 쏟아지는 걸 방지할 수 있어 더 좋겠죠.

5단계: 부엌의 서랍 정리도 비슷해요. 오른쪽 사진은 타일러와 헤일리가 좋아하는 제품들로 채워진 커피 스테이션이에요. 버스를 타고 장거리 여행을 하는 건 참 힘든 일이죠. 하지만 집에 있는 것 같은 편안함을 느낀다면 한결 여유로워질 거예요.

true story

이상하게 들릴지 모르지만, 버스가 운행하는 동안 내용물을 보호하기 위해 관광버스의 모든 서랍과 선반에는 카펫이 깔려 있어요.

잦은 출장과 여행을 위한 정리 아이디어

우리는 토마스 레트(Thomas Rhett, 미국의 가수)와 그의 아내 로렌, 그리고 그들의 어린 딸들을 위해 그들의 투어용 버스에 가족 전용 서랍을 만들었어요. 빨대 컵, 과자, 치발기 등을 보관하는 서랍인 거죠. 드디어 토마스의 신발들과 다른 물건들이 서랍에 함께 담기지 않게 된 거예요(저희의 첫 책에 나온 토마스의 신발 컬렉션을 살짝 참고하세요).

우리가 가장 마음에 들어 하는 또 다른 서랍은 토마스의 목 관리를 위한 필수품들이 담긴 서랍으로 꿀, 차, 그리고 기침약 들을 담았죠.

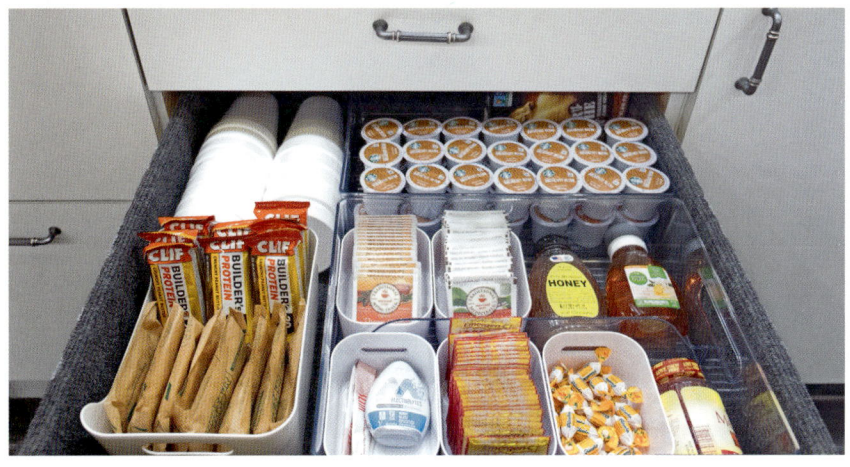

가수들에게 따뜻한 음료는 필수품이죠. 켈시 발레리니(Kelsea Ballerini, 미국의 컨트리 가수)에게도 예외는 아니에요. 모든 종류의 차와 커피는 리필이 가능한 칸에 수납했고, 찬 음료수(샴페인 때문에 아주 중요해요)는 냉장고 칸에 정리했죠.

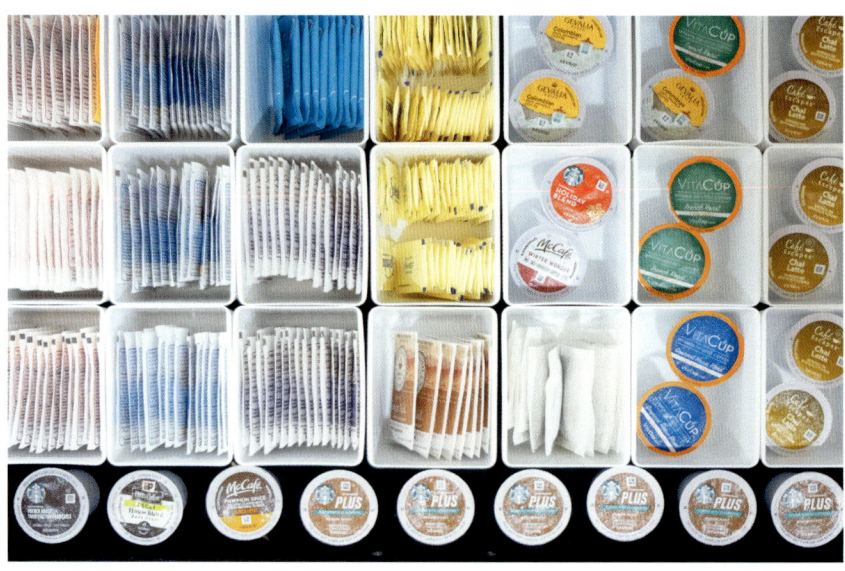

관광버스에 넓은 팬트리 공간은 없지만, 중요한 필수품들을 선반에 모두 넣어두었고, 바로 꺼내 먹을 수 있는 간식과 껌을 넣은 휴대용 서랍도 만들었어요.

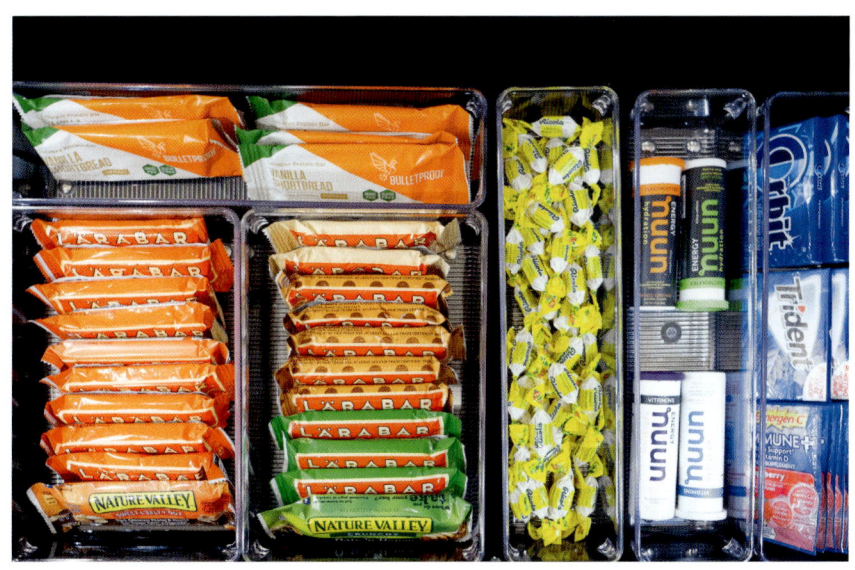

잦은 출장과 여행을 위한 정리 아이디어

테이크 아웃 스테이션

아침에 집을 나설 때면 때때로 에베레스트산을 오르는 것처럼 힘겹게 느껴질 때가 있어요. 게다가 아이들까지 챙기려면 정말 정신이 없죠. 아침 출근 전 커피나 차를 챙겨 나갈 수 있는 테이크 아웃 스테이션을 만들면 바쁜 시간 속에서 단 몇 분이라도 시간을 절약할 수 있어요.

1단계: 커피, 차, 그리고 핫 초콜릿을 각각의 서랍에 분리해서 넣었어요.

2단계: 자주 사용하는 텀블러와 여행용 머그잔은 따로 보관했어요.

3단계: 설탕 등의 감미료는 맨 위 서랍에 넣고, 나머지 것들은 모두 한곳에 보관합니다.

업무용 공간 정리 아이디어

직업적인 특성 때문에 물건들을 쌓아놓고 지내는 사람들을 보면 안타까워요. 수백 개의 립스틱을 갖고 있는 뷰티 블로거나 몇천 켤레의 운동화를 가진 농구 선수를 상상해본다면 쉽게 이해되실 거예요.

우리는 이것을 과하다고 생각하지 않고 다만 해결책이 필요한 공간의 문제로 판단해요. 이 문제에 전문적인 도움을 드릴 수 있으니까요.

사실 우리도 마찬가지예요. 정리 정돈 전문가로서 일할 때 입는 꽤 많은 레깅스가 필요하고, 또 여성 사업가로서의 행사 참석에 필요한 다양한 의류와 신발을 갖고 있죠. 그뿐만 아니라 출장이 잦은 우리에겐 꽤 많은 여행 가방과 더플백이 늘 구비되어 있어요. 페인트 펜, 라벨 용품, 스마트폰 충전기, 그리고 보조 배터리로 가득 찬 파우치는 말할 것도 없고요.

다시 말하지만, 정리 정돈이 반드시 미니멀리스트가 되어야 한다는 의미는 아니에요. 대신 갖고 있는 물건과 살고 있는 공간을 적절히 다룰 수 있어야 한다는 의미죠.

복도 수납장의 90%를 차지하는 아주 큰 장비를 업무에 꼭 사용해야 하는 사진작가와 결혼했다고 가정해보세요. 다른 사람처럼 남편도 그냥 아이폰을 사용하길 바라게 되겠죠. 하지만 너무 짜증을 내진 말자고요. 적어도 모든 것이 제자리에 잘 정돈되어 있다면 최악은 아닐 테니까요.

업무 공간 정돈하기

1. 일주일에 한 번 정도 쓰는 물건들이라면 꼭 갖고 있을 필요가 없겠지만, 항상 필요한 물건이라면 서랍이나 선반에 늘 보관해야 하죠.

2. 매일 같은 물건을 사용하지 않더라도, 아마 대부분 비슷한 것을 쓰고 있을 거예요. 업무의 효율성을 위해 다양한 물건을 사용해 보세요. 이게 인생의 재미잖아요!

3. 업무적으로 대량의 재고품들이 생기는 경우는 꽤 흔해요. 그래서 우리는 재고에 대해 신경 쓰지 않아요. 여러분들도 그러길 바라고요.

4. 여러 업무를 하다 보면 당연히 많은 물건들이 필요하죠. 열심히 일하는 자신을 보듬어주며, 모든 것과 공존할 수 있는 공간을 만드세요.

5. 우리도 그랬듯이 집이 곧 사무실인 경우도 많아요. 힘들지만 불가능한 일은 아니죠. 수납 장소를 철저히 분리해 업무 공간이 생활 공간을 방해하지 않도록 합니다.

패션 디자이너의 공간

페그 보드(작업용 보드)는 거의 모든 직업군에서 유용하게 쓰이지만, 무엇보다 실뭉치들을 걸어두기 제격이죠. 선반, 컵, 그리고 후크 고리만 추가하면 필요한 만큼 얼마든지 확장해서 사용할 수 있어요

주중엔 간호사, 주말엔 홈 제빵사의 옷장

이 옷장은 우리가 가장 좋아하는 고객 중 한 명의 옷장이에요. 많은 사람들이 그렇듯 그녀도 두 개의 직업을 갖고 있고, 그만큼 많은 물건들을 수납할 충분한 공간이 필요했어요. 또한 그녀는 돌아온 싱글이었기 때문에 데이트 준비를 할 수 있는 특별한 공간을 추가할 기회를 우리도 놓치고 싶지 않았죠.

1단계: 주중에 입는 평상복과 수술복, 그리고 주말 저녁을 위한 '섹시한 옷들'과 일요일의 '교회 가는 복장' 순서로 옷장 속 옷들을 정리했어요.

2단계: 홈 제빵사로서도 일하는 그녀를 위해 좀 더 일하기 편한 옷을 수납하는 구역을 정하고, '제빵사 의상 구역'이라고 이름 지었어요.

3단계: 이 옷장은 사실 그녀의 전 남편과 함께 사용했던 거예요. 그래서 그녀가 좋아하는 색인 연핑크와 골드로 바꾸고, 핸드백과 액세서리를 위한 공간을 만들어 탈바꿈시켰죠.

true story
가게에서 연핑크색 수납 바구니와 금색 라벨 클립을 발견하고선 진짜로 비명을 질렀답니다.

회사 매니저의 사무실

여기는 우리 회사 매니저들의 사무실이에요. 온종일, 그것도 매일 우리를 상대해야 한다니 정말 힘들 거예요. 꽤 까다로운 우리를 매일 상대해야 한다는 사실 하나만으로도 그들이 여기에 있는 모든 물건을 필요로 한다고 예상할 수 있죠. 그래서 많은 물건들을 잘 보관할 수 있도록 최선을 다했답니다.

1단계: 대량의 사무 용품을 수납하기 위해 컨테이너 스토어의 벽걸이 수납장을 설치했어요. 모든 종류의 물건들을 넣을 수 있는 충분한 서랍 공간이 필요했고, 프린터와 택배 송장 출력기를 올려둘 테이블 위 공간도 필요했으니까요.

2단계: 벽에 고정 선반을 설치해 벽면을 최대한 활용했어요. 페그 보드를 추가로 설치해 클립, 고무줄, 우표와 같은 작은 크기의 물건들을 보관했고, 후크 고리를 보드에 끼워 가위와 테이프 홀더를 걸어놓았어요.

3단계: 가장 위 선반에 있는 프린터 용지 더미는 조애나가 받는 모든 이메일을 인쇄하는 데 필요한 용지의 양을 보여줍니다. 12페이지 분량의 이메일이 언제 올지 모르기 때문에 프린트 용지들은 늘 충분하게 구비해두어야 하죠!

신발 디자이너의 공간

true story

우리 LA 사무실 팀원들이 이 신발용 선반들을 일일이 조립했어요. 물건 조립에 재능이 없는 우리 대신 팀원들의 손길이 닿아서 천만다행이었죠.

우리가 신발 브랜드 APL의 사무실 사진을 인스타그램에 처음 올렸을 때, 많은 사람들은 이곳이 누군가의 옷장이라고 생각했어요. "왜 그렇게 많은 신발이 필요한 거죠?"라며 단체로 분노했을지도 모르겠네요.

하지만, 여기는 신발 회사고 이것들은 디자인 샘플들이랍니다. 당연히 많은 신발이 필요하고 또 수납도 잘 해야겠죠?

업무용 공간 정리 아이디어

학교 선생님의 공간

아이들을 가르치는 일은 분명 지구상에서 가장 어려운 일일 거예요. 매일 8시간씩 아이들을 책임지는 것 역시 충분히 어려운 일이지만, 그 기나긴 수업 시간을 즐거운 시간으로 이끌려면 얼마나 많은 준비와 계획이 필요할까요. 모든 선생님들은 그들의 헌신과 봉사에 대해 찬사를 받을 충분한 자격이 있어요. 우리가 해드릴 수 있는 것은 오로지 정리 정돈에 도움을 드리는 일뿐이죠.

교실은 특정 구역을 지정할 필요가 있어요. 여기는 멤피스에 있는 어느 교실인데요. 학생들이 스스로 준비물을 꺼내 공예 활동을 할 수 있고, 독서를 하며 게임을 배울 수 있는 공간을 마련했어요. 색종이같이 좀 더 관리 감독이 필요한 소모품들은 특별한 작업을 할 경우에 꺼내 쓸 수 있도록 수납장에 별도로 보관했어요.

파티 플래너의 공간

재미있는 파티 용품들을 정리하는 일은 생각보다 힘든 일이죠. 파티 플래닝 회사인 리틀 미스 파티(Little Miss Party)의 사무실 역시 우리를 실망시키지 않았어요. 이 사무실 공간은 아파트를 개조한 곳이라 기존에 있던 수납장이 풍선 꾸러미를 걸기보다는 옷을 걸기에 적절했답니다. 우리가 도착하기 전까지는 말이죠!

1단계: 이미 옷장 안에 선반이 있었기 때문에 선반을 그대로 사용하면서 수직 공간을 최대한 많이 활용했어요. 선반에 물건을 그냥 쌓아두기만 한다면 아무 소용이 없겠죠. 특히 섬세한 관리가 필요한 종이로 된 물건들은 그대로 쌓아두면 절대 안 되요.

2단계: 모든 공간과 물건들이 완벽히 들어맞는다면 이보다 더 좋을 순 없죠. 서랍과 아크릴 홀더의 조합이 한 치의 여유도 없이 선반에 딱 맞았어요! 작은 카테고리의 물건들은 각각 분류해 투명한 수납함에 담아 파티 준비를 할 때 편하게 찾을 수 있게 했어요. 핸드백을 걸기에 좋은 후크 고리를 사용해 랜턴과 풍선 묶음들을 걸어놓았어요. 옷장 속 압축봉도 요긴하게 사용했고요.

3단계: 파티를 위한 사무실 정리 정돈에 파티가 빠질 수는 없겠죠? 우리는 샴페인 잔을 대신해 밝은 샴페인색 컵들로 축배를 들었답니다!

디자이너의 홈 오피스

러브 앤드 라이언(Love & Lion)이라는 온라인 쇼핑몰을 운영하는 리아는 우리와 가장 친한 친구들 중 한 명이죠. 그녀는 집을 사무실로도 사용하고 있어요. 공간의 벽면과 책상은 완벽하게 꾸며져 있었지만, 여기저기에 재고 더미가 쌓여 있었어요.

온라인 쇼핑몰을 운영하면 현실적으로 재고가 생기기 마련이죠. 그래서 티셔츠 더미 사이에서 아이들을 찾아야 하는 상황이 오기 전에 더 나은 수납 방법을 찾아야 했어요.

1단계: 티셔츠, 일회용 타투 스티커, 쇼핑백, 그리고 포장지 등 카테고리별로 분류했어요.

2단계: 신속하고 원활한 배송을 위해 모든 택배 용품은 맨 위 선반에 모아 두었어요.

3단계: 포장된 선물 상자들과 해리 포터 안경은 실제로 박람회와 벤더 행사에 사용되는 소품이므로 독립된 바구니에 따로 넣었어요.

true story

포장지는 보관이 쉽지 않기 때문에 잡지 홀더와 휴지통을 함께 사용했어요. 때로는 틀에서 벗어난 사고가 새로운 해결책이 되기도 하죠.

유튜브 스튜디오

우리에게 유튜브 스튜디오 의뢰는 처음이었지만, 셰이 미첼(Shay Mitchell, 미국의 배우)에게 깜짝 놀랄 만한 결과물을 선보이고 싶었어요. 복잡한 프로젝트가 아닌 것처럼 보여도, 이곳은 우리가 한 번도 접해본 적 없는 장비들로 가득 차 있었죠.

우리는 클리아의 남편 존에게 케이블 연결선과 카메라를 확인하느라 계속 사진을 보내야 했어요. 화장품과 헤어 제품의 정리는 시작도 하기 전이었는데 말이죠. 이 프로젝트를 위해 여러 명의 친구들에게 도움을 요청해야 했죠.

1단계: 스튜디오 공간을 메이크업과 헤어스타일링 제품, 전자 기기와 피트니스 장비, 그리고 카메라와 조명 등의 세 영역으로 나눴어요.

2단계: 충전용 케이블과 연결 케이블의 차이점을 깨달은 것만으로도 마치 일급 기밀 군사 정보 코드를 푼 것처럼 만족감을 느꼈죠. 케이블 선들이 뒤섞이지 않도록 각각의 수납함에 넣었어요.

3단계: 립글로스나 헤어스프레이와 같이 자주 사용하는 뷰티용품들은 화장품 정리함과 원형 수납함에 담았어요. 부피가 크거나 여분의 제품들은 아래 서랍에 넣었어요.

매장 사무실

크리스틴 카발라리(Kristin Cavallari, 미국의 배우)가 내슈빌에 그녀의 주얼리 브랜드 언커먼 제임스(Uncommon James)의 매장을 오픈할 당시 우리는 아주 흥분했지요. 하지만 그녀의 사무실을 정리하는 일을 맡았을 때는 훨씬 더 기뻐했답니다.

1단계: 색의 조화를 추구하는 크리스틴에겐 우리가 제격이에요. 핑크, 화이트, 골드면 충분하죠. 핑크색 종이 제품들을 구매하고, 핑크색 투명 테이프에 인쇄한 크리컷의 맞춤형 라벨도 준비했죠(우리는 프린터 옆에 있는 '잊으신 건 없나요 Forget Something?' 종이함을 제일 좋아해요).

2단계: 간식이 없는 사무실은 완벽하다고 볼 수 없죠. 아름다운 사무실에 걸맞은 스낵 공간을 꾸며 보세요. 간식의 색상도 주변에 맞추고 '클로이 카다시안' 스타일로 특별히 신경 써 빼곡하게 손으로 쌓아 올렸죠.

3단계: 사무실 기념행사에는 파티용 서랍이 필수죠(당연히 라벨도 붙였어요).

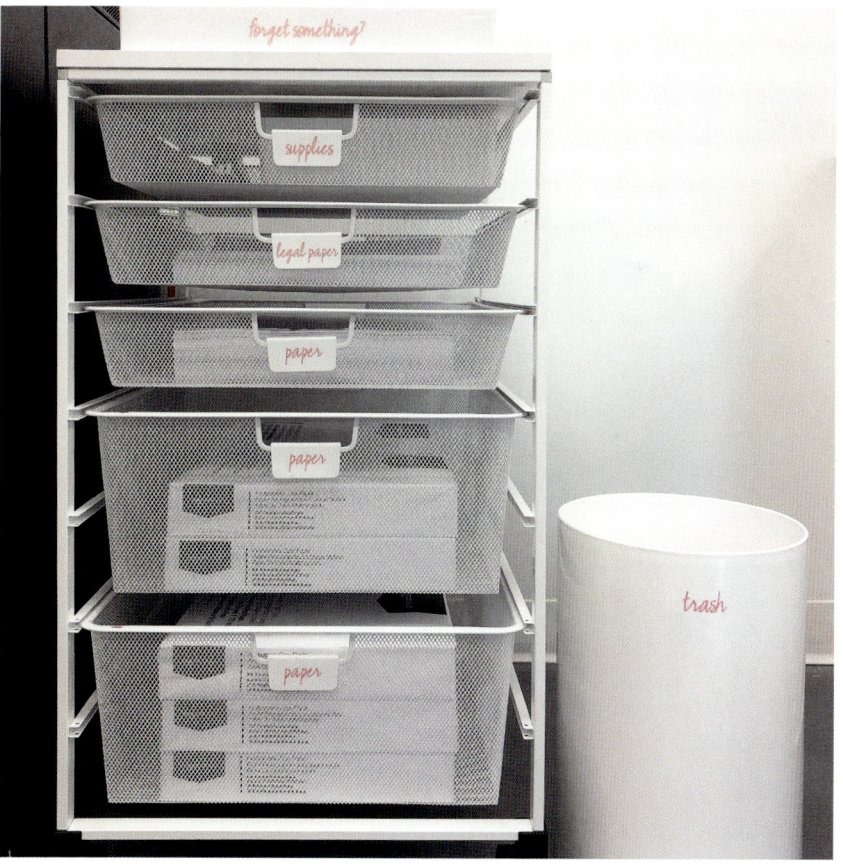

업무용 공간 정리 아이디어

농구 선수의 신발장

드웨인 웨이드(Dwyane Wade, NBA 마이애미 히트에서 활약했던 농구 선수)의 농구화를 정리하는 일은 전혀 수고스러운 일이 아니었어요. 오히려 즐거운 작업이었죠. 정리 정돈 프로젝트를 그의 집안 곳곳에서 진행했는데, 이 신발장에서 신발을 모조리 꺼낸 다음 처음부터 다시 시작해야 했어요.

이곳의 모든 신발은 드웨인이 실제로 신을 뿐만 아니라(그는 연습이나 경기를 위한 신발을 고르기 위해 하루에도 여러 번 이곳을 찾아요), 그가 협업하고 있는 개인 브랜드 상품이기 때문에 다양한 색깔과 스타일을 보여주는 진열 방식이 필요했어요. 즉, 정리 정돈이 되면서 동시에 쉽게 찾을 수도 있어야 했죠.

1단계: 신발 정리는 실제로 수학적인 접근이 필요한 일이었죠. 각각의 선반이 모두 몇 개의 행과 열을 이루고 각 칸에 몇 켤레를 넣을 수 있는지 답을 찾아야 했거든요. 루빅스 큐브와 같은 복잡한 상황을 방지하기 위해, 모든 신발들을 세어 전체적인 컬렉션을 다시 조합하기 위한 로드맵을 만들었어요.

2단계: 선반 위 신발들 외에 포장을 뜯지도 않은 새 신발 상자들도 함께 수납해야 했어요. 이 새 신발 상자들도 방정식 계산에 포함시켰어요.

3단계: 새로운 스타일의 신발이 계속 또 생길테니 벽 뒤쪽에 빈 공간을 남겨두었어요. 언제든 확장할 수 있는 공간을 남기는 것은 우리 작업에 꼭 필요한 부분이에요. 80%의 공간을 모두 채워버리고 나면 공간에 대한 통제력을 잃을 수 있다는 걸 명심하세요.

true story

농구화 정리는 꽤 효과적인 운동이었어요. 각각의 신발을 2kg짜리 바벨 삼아 옮겼고, 사다리를 오르락내리락하는 데만 하루에 약 13km 정도 이동했으니까요.

뷰티 블로거의 공간

만약 누군가 100개 이상의 립라이너를 갖고 있다면 당장 개수를 줄이라고 말할 거예요. 어차피 다 사용하는 것도 아니니까요. 하지만 뷰티 블로거의 경우라면 이야기가 달라지죠.

유튜브 채널 'Iluvsarahii'를 운영하고 있는 뷰티 크리에이터 카렌 곤잘레스(Karen Gonzalez)에게 수없이 많은 메이크업 제품들은 그녀 커리어의 주된 도구들이죠. 아름다움에 대한 그녀의 열정을 부각시키고 그녀의 일상 업무를 단순화시키는 공간을 만드는 것이야말로 우리의 목표였죠.

1단계: 스튜디오를 크게 메이크업 제품과 헤어 및 스킨케어 제품을 위한 구역으로 나누었어요.

2단계: 메이크업 제품은 페이셜, 치크, 립 및 아이 제품으로 구분해 수납했어요.

3단계: 옷장 선반에 스킨케어, 헤어 제품 및 액세서리를 수납했고, 스프레이와 세럼같이 세워서 수납해야 하는 것은 원형 수납함을 사용했죠.

4단계: 스타일링에 필요한 촬영용 배경천과 옷들은 옷걸이를 통일시켜 옷장에 걸었어요. 공간을 최대로 활용하고, 원단이 상하지 않거든요.

업무용 공간 정리 아이디어

아이가 있는 집을 위한 정리 아이디어

만약 아이가 있거나, 혹은 아이를 가질 계획이거나, 아니면 아이와 한 번이라도 시간을 보낸 적이 있다면 아이 돌보는 일이 얼마나 많은 것들(때로는 아주아주 많은)을 필요로 하는지 깨달았을 거예요. 당연히 장난감 같은 아이 물건이 많다고 죄책감을 느낄 필요가 없죠. 그래도 집이 장난감 가게가 되는 걸 방지하려면 우리의 조언을 들어보세요.

　우리는 이미 첫 번째 책을 통해 집에 있는 잡동사니들을 정리하는 몇 가지 팁들을 공유했어요. 그 책에는 아이들을 등교시키자마자 쓰레기봉투를 들고 온 집 안을 뛰어다니며 바닥에 널브러져 있는 물건들을 기부하자는 내용도 있었죠. 사실 그 책이 출판될 때쯤에는 우리 아이들이 글을 읽고 학교에 갈 나이가 될 거라는 생각조차 하지 않았거든요.

　우리 아이들에게 즐거운 일은 아니었지만, 대신 장난감, 옷, 게임, 퍼즐, 인형들을 바닥에 그냥 내버려두면 그 물건들을 소중히 여기지 않는 걸로 간주된다는 사실을 알려주기 좋은 기회가 되었죠. 즉, 소중히 여기지 않는 물건들은 집 안에서 사라진다는 사실 말이에요.

　여기서 요점은 우리가 아주 '재밌는' 엄마라는 사실을 일깨워줬다는 거예요. 또, 아이들이 장난감과 놀이 용품들이 잘 수납되어 있고, 깔끔히 정돈되어 있다면 그 물건들을 집 밖으로 치워야 할 이유가 전혀 없다는 사실도 깨달았죠. 거실 바닥이 퍼즐 조각 천지가 되는 건 누구도 원하지 않으니까요!

아이 방 물건 정리

1. 고장 난 물건들은 바로 휴지통에 버리세요. 직접 고치지도 않을 테고, 기부할 수도 없으며, 가장 친한 친구의 딸에게 망가진 장난감을 선물할 수는 없잖아요.

2. 부품이 없어졌다면 1번을 다시 읽어보세요.

3. 물건을 쓰기에 아이가 컸다면 혹시 모를 미래의 동생을 위해 보관해 두거나 아니면 적절한 나이의 친구 아이에게 물려주세요.

4. 아이는 좋아하는데 부모에게 그렇지 않은 물건은 아마도 그냥 놔둬야 할 것 같아요. 엄마 아빠의 집이지만, 어린 시절을 보내고 있는 아이의 공간이기도 하니까요. 하지만 만약 아이가 흥미를 잃게 되면 바로 기부함으로 향하세요!

5. 버리기엔 너무 특별한 물건이라면 없앨 필요가 없죠. 대신 중요한 물건인 만큼 소중히 보관해야 해요. 라벨을 붙여 잘 보관하지 않으면 애착 담요, 아이가 어린 시절 가장 좋아했던 장난감, 졸업식 모자와 가운처럼 추억이 담긴 물건들이 먼지를 뒤집어쓴 채 어디 있는지도 모르게 될 테니까요.

아이가 있다면 다른 집에 비해 물건들이 더 많을 수밖에 없죠. 각자의 환경, 여유 공간의 정도, 취향, 그리고 아이가 몇 명이 있는가에 따라서도 달라지고요.
    물건이 많더라도 생활이 불편하거나 죄책감이 들지 않도록 정리하고 수납할 수 있는 방법을 알려드릴게요.

아이가 있는 집을 위한 정리 아이디어

무지개 쌍둥이를 위한 방

'무지개 아기(rainbow baby)'는 유산이나 사산, 혹은 유아사망을 겪은 후 힘들게 다시 얻게 된 소중한 아기(혹은 아기들)를 의미하는 말이에요. 이번 의뢰인은 무지개 쌍둥이(rainbow TWINS)였죠. 우리가 이 프로젝트에 얼마나 진지하게 임했는지 상상이 가시죠?

우리는 중요한 목표 두 가지를 세웠어요. 바로 쌍둥이에게 필요한 엄청나게 많은 아기용품들의 수납, 그리고 육아의 즐거움과 행복을 느낄 수 있게 하는 것이었죠. 사실 이 방은 예전에 안타깝게 잃은 아기의 방이었거든요. 그렇다면 부모 스스로의 힘만으로는 이겨내기 참 힘들죠.

1단계: 많은 양의 기저귀를 한꺼번에 수납할 수 있는 공간은 무조건 필요했어요. 쌍둥이 신생아들은 첫 달에 대략 600여 개의 기저귀를 사용한대요. 진짜로 '600개'요! 안타깝게도 우리에겐 손이 두 개 밖에 없으니, 쌍둥이의 기저귀 갈 때를 대비해 모든 것이 준비되어 있어야 하죠. 그래서 기저귀, 물티슈, 로션 등을 쉽게 집을 수 있도록 문에 선반을 추가로 설치했어요.

2단계: 기저귀 교환대의 맨 위 서랍에는 기저귀를 보관했어요.

3단계: 아기 옷들을 개월 수 별로 구분한 뒤, 양 끝에서부터 무지개 색깔 순서로 걸었어요. 이런 배열 방식은 예쁘기도 하고 실용적이어서 우리가 잘 쓰는 방법이죠. 나중에 입힐 큰 사이즈의 옷들은 라벨을 붙인 바구니에 담아 위 선반에 올려놓았어요.

4단계: 서랍이 달린 선반 두 개를 사용하여 개어서 보관할 수 있는 물건들과 액세서리, 그리고 머리끈을 수납했어요.

5단계: 쌍둥이들의 아빠가 직접 만든 책장(143페이지 사진 참조)이 돋보이도록, 방 한가운데에 두고 장난감과 책 들로 무지개를 하나 더 추가했답니다.

기저귀 가는 곳

물론 기저귀를 많이 사용하기 위해 쌍둥이를 가질 필요는 없어요. 이제 막 부모가 된 사람들은(대부분의 부모들이 격한 감정에 자주 휩싸이죠) 종종 어쩔 줄 모르는 상황에 부닥치게 돼요. 한밤중에 기저귀를 가는 정도의 일은 불안 수준에 미치지도 못하죠. 우리는 신생아를 돌보던 시절의 새벽 3시 무렵으로 돌아가 그때 급히 필요했던 것들을 떠올려 보았어요. 불을 켜지도 못한 상태에서 한쪽 눈만 겨우 뜨고 한 손으론 아기를 안고, 다른 한 손으로 서랍 속을 뒤적거리던 그때로 말이에요.

1단계: 기저귀를 사이즈별로 분류한 후, 지금 아기에게 맞는 사이즈의 기저귀만 서랍에 넣었어요.

2단계: 기저귀만큼 물티슈도 많이 필요하죠. 서랍 뒤쪽에 소포장된 여분의 물티슈를 보관해놓으면 유용하게 사용할 수 있어요.

3단계: 기저귀 크림, 신생아용 가스 배출 약, 포대기 같은 물건들은 나머지 서랍에 넣었어요.

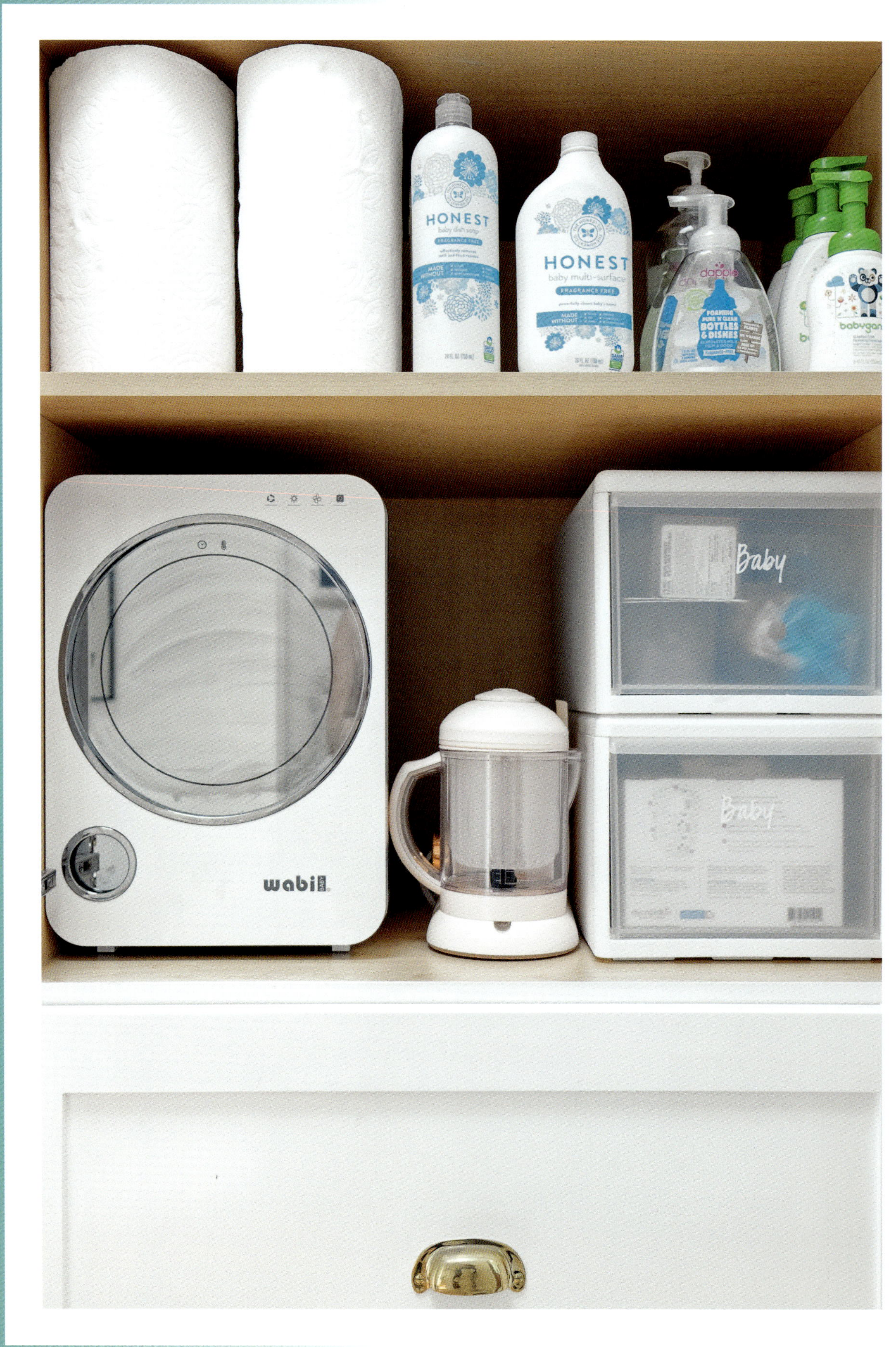
HONEST
baby dish soap
FRAGRANCE FREE
HONEST
baby multi-surface
FRAGRANCE FREE
dapple
BOTTLES & DISHES
Baby
Baby
wabi

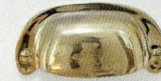

신생아 수유를 위한 공간

로렌 콘래드(Lauren Conrad, 미국의 배우)는 그녀의 아이를 위한 이유식을 직접 만들어요. 그녀가 이유식을 준비하는 데 사용하는 물건이라고 알려주기 전까지 우리는 여기 보이는 기계들이 커피 메이커나 커피포트라고 생각했어요. 이유식 준비에 대해서는 잘 모르지만, 부엌 찬장에 있는 물건들을 깔끔하게 정리할 수 있어 기뻤어요!

1단계: 아기용품들(커피용 아님)은 쉽게 자주 꺼내 쓸 수 있도록 가장 아래 선반으로 옮겼어요.

2단계: 용도가 비슷한 가전 기기들이나 고무젖꼭지, 젖병같이 작은 물건들은 포개서 서랍에 정리했어요.

3단계: 젖병은 기저귀를 교체하듯 자주 세척해야 하기 때문에, 선반 상단에 아기용 목욕 제품과 함께 젖병 전용 세제를 놓았어요.

여자아기를 위한 방

우리는 민디 캘링(Mindy Kaling, 미국의 배우)의 아기방에 시도해보고 싶은 사항들이 몇 가지 있었어요. 하나는 방금 받은 모든 물건들의 포장을 풀고 상자를 열어 수납하는 것이었고요. 그다음은 꼬마 아가씨에게 딱 맞는 엉뚱하고 밝고 귀여운 방을 만들어주는 것이었죠.

민디는 색채 감각과 스타일이 뛰어나기 때문에 집 안의 모든 방들이 다른 집들보다 훌륭했어요. 당연히 아기방도 주변 방들만큼 아름답게 꾸며야 했죠.

1단계: 인생의 첫 아기, 그것도 여자아기라면 방은 작은 핑크 물건들로 가득 채워지겠죠. 모든 핑크색 물건들을 따로 분리해 옷장 안에서 돋보이도록 꾸미는 것이 저희의 첫 번째 임무였어요.

2단계: 보디슈트, 양말, 트림시킬 때 사용하는 버프 클로스는 서랍에 넣고, 드레스와 코트는 옷걸이에 걸었어요(무지개색 인조 모피 코트도 잊지 말고 걸어놔야죠!).

3단계: 핑크 톤의 신발들(아기 신발 쇼핑보다 재밌는 것은 없어요), 개어둔 침구와 시트 세트, 액세서리와 책은 선반에 보관했어요.

4단계: 새로 태어난 아기는 새로운 추억을 만들어주죠. 민디가 그녀의 아기와 함께한 특별한 추억을 보관할 수 있도록 멀리서도 눈에 띄는 밝은 파란색 '추억 상자'를 선반에 올려놓았어요.

미술 용품 보관하기

미술 놀이를 즐기는 아이들이라면 집에 물감이나 슬라임을 위한 수납공간이 필요해요. 이런 놀이를 즐긴다고 해서 반드시 집이 어지럽고 지저분하리란 법은 없어요. 특정 구역을 지정해 물건들을 수납하면 집의 나머지 공간들을 침범하지 않고 어지러지는 것도 막을 수 있어요.

놀이방이나 부엌 선반에 미술 놀이 재료들을 둘 만큼 관대하고 느긋한 부모도 있긴 하지만요.

1단계: 지저분한 미술 도구들은 각각의 수납함에 분리해 보관합니다. 함께 두면 더 지저분해지기 때문에 각자 짝 없이 격리해놓은 격이죠.

2단계: 바닥에 까는 천, 플레이 도우(Play-Doh) 점토, 물감과 붓 같은 도구들은 별도로 정리해 서로 가까운 곳에 보관했어요.

3단계: 아이들이 물건을 혼자서도 쉽게 꺼낼 수 있는지 확인합니다. 만약 위험한 물건이라면 손이 닿지 않게 주의해야 해요. 가끔 정말 용감한 아이들이 있거든요. 대부분의 물건을 아이들 손이 닿는 곳에 놓고, 무거운 물건은 맨 아래쪽에 두세요.

만들기를 좋아하는 아이들을 위한 공간

만들기는 지저분한 미술 놀이의 일부이기 때문에 수납공간을 지정해야 해요. 공예용 철사, 폼폼, 반짝이, 접착제 등을 모두 분리해서 보관합니다. 집 안에서는 반짝이를 가지고 놀지 못하게 하는 것도 방법이죠. 아이들한테는 미안한 일이지만요.

1단계: 각종 만들기 재료들을 '통에 수납하기 더 좋은 것들'과 '서랍 속에 수납하기 더 좋은 것들'의 두 그룹으로 분류했어요. 다른 옵션이 있다면 가능한 모든 공간을 활용하는 것이 좋아요. 우리는 부피가 좀 더 큰 그룹을 수납 통에(155페이지 참조), 좀 더 작은 물건은 서랍에 수납했어요.

2단계: 부피가 작은 재료들은 비슷한 항목끼리 수납했어요. 예를 들어 테이프, 클립, 스티커를 한 군데에 모아두듯이요.

음식 알레르기가 있는 아이들을 위한 수납

아이의 심각한 음식 알레르기는 부모에게 악몽과도 같아요. 식품 영양 성분표의 모든 성분 목록이 해골처럼 보이기도 하죠. 게다가 만약 아이들이 각기 다른 식이요법을 필요로 한다면 다른 집보다 더 많은 음식을 늘 준비해야겠죠.

이런 조건에서 팬트리 공간과 냉장고를 정리 정돈하는 것 역시 우리가 지금까지 수행한 프로젝트 중에서 가장 큰 부담으로 다가왔어요. 마치 생사를 다루는 일처럼 느껴졌으니까요.

1단계: 팬트리에 있는 모든 물건을 알레르기 항원(견과류나 유제품이 포함된)의 파악을 위해 주방의 별도 구역으로 옮겼어요.

2단계: 누구나 먹어도 되는 안전한 간식은 온 가족이 쉽게 꺼낼 수 있는 수납 통에 담고, 주의가 필요한 성분 목록표가 붙어 있는 간식은 상단 선반에 보관했어요. 이 사진에서는 볼 수 없지만, 다른 식품들과 헷갈리지 않도록 '위험 구역(DANGER ZONE)'이라는 라벨도 붙였답니다.

3단계: 냉장고는 소고기나 돼지고기 같은 알레르기 유발 식품들이 있어서 팬트리보다 더 조심스러웠어요. 냉장고 안을 반으로 나눠 흐르거나 떨어뜨리기 쉬운 모든 음식을(서랍 속의 음식들 포함) 투명한 통에 담았어요.

4단계: 박테리아에 의한 교차 오염 방지를 위해 서랍에 아이들의 이름이 적힌 라벨을 붙였어요. 라벨 붙이는 작업에 이보다 진지하게 임한 적이 없을 정도였죠.

아홉 명의 아이들이 있는 집

우리는 그동안 의뢰인을 위해 "어느 집에 이렇게 비누가 많이 필요하죠?"와 같은 질문에 끊임없이 답변을 해야 했어요. 여기 정말 많은 비누가 필요한 대표적인 가족이 있어요. 이 집에는 9명의 아이들이 있어서 집 안의 모든 물건이 그만큼 몇 배로 더 많이 필요하답니다. 진짜로 아홉 명이라니까요! 아이들까지 모두 만났는데, 여전히 어떻게 정리해야 할지 가늠하기 쉽지 않았어요. 가족 구성원을 위해 필요한 것들이라면 최대한 그대로 유지해야 하는데, 그건 정말 어려운 일이거든요.

1단계: 9명의 아이들 중 6명은 평일 아침마다 등교 전쟁을 치러요. 세탁실이 대부분의 아침 일과를 보내는 곳이 되어버렸기 때문에, 우리는 이곳에 아이들이 이를 닦고, 비타민을 챙겨 먹고, 점심 도시락을 챙겨 나갈 수 있는 등교 스테이션을 만들었어요.

아이가 있는 집을 위한 정리 아이디어

2단계: 세탁실의 나머지 공간은 실제로 매일 12,000개의 빨랫감이 쌓이는 세탁 공간으로 꾸몄어요. 피부가 민감한 몇몇 아이들을 위한 특수 세제를 따로 보관하는 것도 잊지 않았죠.

3단계: 벽에 추가로 수납 선반을 설치해 여분의 액체 세제를 수납할 공간을 확보했어요. 얼마나 많은 아이들이 손을 씻고, 끊임없이 설거지를 하고, 빨래를 해야 하는지 생각해보면 넘치는 재고품은 당연한 일이죠.

초등학생 자녀들을 위한 공간

신생아 키우는 것이 기저귀 갈기의 연속이라면, 초등학교 아이들을 키우는 것은 어마어마한 양의 종잇조각들과의 전쟁이라고 해도 과언이 아니에요. 아이들은 미술 과제, 받아쓰기 시험, 그림 낙서들, 그리고 마무리는 못 했지만 버리지 못한 종잇조각들로 가득 찬 책가방을 메고 집으로 돌아오죠.

일부는 쓸모가 있지만, 아시다시피 대부분은 그렇지 않잖아요. 집에 두어야 할 것과 버려야 할 것을(아이들은 이 부분에서 제일 긴장할지 몰라요) 아이들과 결정할 때는 반드시 최대한 객관적이고 이성적인 톤으로 대화해야 해요.

1단계: 종이 뭉치들을 학교 숙제, 그림 작품, 미술 과제, 추억의 물건들로 각각 분류했어요. 이때 보관하고자 하는 물건의 크기에 적합한 수납 상자를 사용하는 것이 중요해요. 부피가 큰 과제나 큰 사이즈의 추억의 물건들은 적당한 크기의 상자에 보관했어요.

2단계: 아이들에게 색칠 공부란 학교에서만 하는 게 아니죠. 크레용, 사인펜, 색연필을 무지개 정리법으로 수납했어요.

3단계: 학용품과 공책은 쉽게 꺼내 쓸 수 있도록 책상 위에 놓고, 스티커나 컬러링 북처럼 가끔 사용하는 물건들은 서랍 속에 보관했어요.

운동하는 아이들을 위한 공간

타고난 운동 신경은 우리 가족과는 무관하지만 여기저기서 얻은 몇 가지 팁과 요령들을 총동원해 여러분의 공간에 도움을 드리려고 해요. 저희는 여러 스포츠를 통해 다양한 팀, 리그, 토너먼트를 경험하는 것이 아이들에게 중요하다는 것을 배웠어요.

부모들은 시간과 에너지뿐만 아니라(모든 부모에게 경의를 표하는 바에요!) 운동에 필요한 모든 장비와 용품들만큼의 공간을 어느 정도 포기하기도 하죠. 스포츠 팀의 코치님들이 스포츠마다 얼마나 많은 공간을 차지하는지 미리 알려준다면 얼마나 좋을까요.

1단계: 모든 스포츠 장비를 종류별로 구분하고(스타워즈에 나오는 광선 검도 한곳에 두니 재밌더라고요!) 각각 분리해서 수납했어요.

2단계: 야구 용품들이 대부분이었기 때문에 야구 방망이, 공, 그리고 글러브가 가장 아끼는 공간을 차지했어요(대걸레와 빗자루를 두려고 했던 다용도 선반은 야구 방망이를 걸어두기에 아주 완벽한 곳이었답니다!).

3단계: 추가 장비와 야외 용품 들은 아래 서랍에 보관했어요.

사각 바구니 수납함을 사용하면 부피가 큰 물건들을 보이지 않게 수납할 수 있을 뿐만 아니라, 골프공부터 정강이 보호대까지 모든 것을 넣을 수 있어요. 유니폼이나 신발은 각각의 팀별로 라벨을 붙여 보관하도록 합니다.

아이가 있는 집을 위한 정리 아이디어

반려동물을 키우는 집을 위한
정리 아이디어

반려동물은 가족과도 같은 존재로, 사랑으로 대해야 할 의무가 있어요. 왜냐하면 우리에게 조건 없는 사랑을 주면서 물건을 사달라고 조르지도 않고, 미술 과제를 집으로 들고 오지도 않잖아요. 심지어 말대꾸도 하지 않고요! 반려동물이야말로 제대로 평가받지 못하는 집안의 영웅이라니까요.

고양이 용품 정리

고양이는 꼭 사람 같아요. 자기들 기분이 내킬 때만 사교적일뿐더러 목욕과 사람 구경하기를 즐기며, 가족들이 며칠 동안 집을 비워 혼자 남겨져도 전혀 문제가 되지 않거든요. 고양이의 또 다른 좋은 점은, 말 그대로 강아지보다 입과 발이 작아서 수납 시스템이 훨씬 간단하다는 점이죠.

1단계: 사실 이 집의 고양이는 조애나를 좋아하지 않았어요. 아마도 안방 옷장을 정리하는 동안 둘 사이에 사소한 다툼이 있었던 것 같아요. 우리는 각자의 취향을 존중하기로 했어요. 따라서 이 프로젝트의 첫 번째 과제는 조애나와 고양이를 각자 다른 방으로 분리하는 것이었죠.

2단계: 조그마한 고양이 장난감들이 재미있어 보이지 않나요? 고양이 미용 용품, 장난감, 그리고 사료 그릇 들을 분류했어요.

3단계: 고양이를 위한 식사 준비도 한곳에서 할 수 있도록 사료와 관련된 용품들도 함께 수납했어요.

반려동물들을 위한 공간

대부분의 동물 애호가들이 반려동물을 한 마리 이상 키우고 싶어 해요. 그러면 두 배 이상의 사료 및 반려동물 용품들이 필요하죠. 어떻게 수납할지를 미리 생각해둬야 집이 반려동물 위탁 시설처럼 되지 않아요.

저희는 차고 한켠을 이용하여 다양한 반려동물 침대와 미용 용품들을 수납했어요. 장난감이나 반려동물용 옷(고양이 옷도 있답니다!)처럼 부피가 작은 물건들은 포개서 보관할 수 있는 사각 통이나 원형 통에 담아 위 선반에 올려놓았어요.

강아지들을 위한 공간

강아지는 주인에게 조건 없는 사랑을 줍니다. 마치 엄마처럼 말이죠. 하지만 엄마는 우리가 런던 여행 중에 인스타그램 스토리에 올린 술병들 사진을 보고 전화를 하기도 하죠. 물론 엄마를 너무나 사랑하지만, 강아지들은 전화로 잔소리를 늘어놓지도 않고, 빈 술병을 세어보지도 않죠. 이 사실만으로도 이 책에서 강아지들이 특별 대우를 받을 만하다고 생각해요.

1단계: 많은 사람들이 강아지 용품을 주로 세탁실에 보관해요. 세탁실은 사실 '가족 모두의 공간'으로 여기기 때문에, 청소용품, 강아지 사료 등 많은 물건들이 이곳에 쌓이게 되죠. 일단 종류별로 수납함을 분리한 다음, 용도에 따라 선반의 우선순위를 정했어요.
당연히 강아지들을 위한 수납공간이 가장 우선시되었죠. 그리고 선반에 문을 달아 강아지들이 몰래 간식을 꺼내 먹지 못하도록 했어요.

2단계: 사료나 간식같이 많이 사용하는 물건들을 위해 추가로 수납함을 주문했어요. 옷처럼 귀엽지만 잘 사용하지 않는 물건들은 위쪽 선반에 수납했죠.

로라 던(Laura Dern, 미국의 배우)의 대형견들을 위해서는 보다 튼튼한 수납함이 필요했어요. 목줄부터 개 껌의 크기까지 모든 것이 몇 배나 커졌기 때문이죠. 그리고 앞으로 늘어날 수 있는 물건들을 위한 여유 공간도 남겨뒀어요. 분류 방식은 176페이지의 강아지들을 공간(습식 사료, 건사료, 간식, 산책 용품, 미용 용품)과 비슷했지만, 옷은 단 한 벌도 찾을 수 없었죠. 그래서 올해 핼러윈에 입힐 수 있게 로라의 대형견 자말에게 특별 의상을 선물할 생각이에요!

이 세탁실에는 반려견을 위한 빌트인 수납장이 설치되어 있어서 선반 위를 다른 방처럼 청결하고 산뜻하게 유지할 수 있어요. 사료와 간식은 뚜껑이 있는 통에 담고, 트레이에 방향제를 놓아 좁지만 향기로운 곳으로 꾸몄어요.

반려동물을 키우는 집을 위한 정리 아이디어

특별한 반려견을 위한 공간

그동안 여러 유명 인사들과 함께 일해왔지만, 더그 더 퍼그(Doug the Pug, 2022년 현재 390만 명의 팔로워를 보유한 미국의 펫플루언서)만큼 유명 인사는 처음이었죠. 퍼그의 일상을 직접 경험할 수 있는 특별한 기회였는데, 더그는 품위 있고, 온화하고, 너무 안아주고 싶은 강아지였어요. 게다가 지금까지 함께 일한 많은 의뢰인 중에 가장 까다롭지 않은 고객이었어요. 일하는 내내 단 한 번도 짖지 않았거든요.

제일 먼저 산더미처럼 쌓여 있는 옷들을 살펴본 후(더그는 아동용 3T 사이즈를 입어요), 카테고리 분류를 위한 수납 체계를 세워야 했죠. 그리고 컨테이너 스토어에서 더그의 집을 직접 방문해 벽면 전체에 맞춤형 선반 시스템을 설치했답니다.

1단계: 옷들을 분류하는 작업이 끝도 없이 이어졌죠. 더그의 주인들은 피자 코스튬(음식 서랍에서), 호박 코스튬(핼러윈 서랍에서), 또는 하와이안 화환 코스튬(하와이 루아우 서랍에서)을 언제든 쉽게 찾기를 원했기 때문에 테마별 분류 작업이 가장 중요했죠.

2단계: 더그의 개인기를 위한 복장이나 맞춤 의상들은(왕실 결혼식에 입고 갈 의상들이 필요하거든요) 구겨지지 않도록 상단 옷걸이에 걸었어요.

3단계: 더그는 온라인뿐만 아니라, 광고계의 대스타이기도 하죠. 의상 컬렉션들을 전시하듯 진열하며 더그의 옷장을 정돈해야 했답니다.

4단계: 저희가 벽면 꾸미는 것을 좋아하는 건 다 아시죠? 작은 부츠, 모카신, 스니커즈를 선반에 가지런히 진열했고, 선글라스 컬렉션은 무지개 정리법으로 진열해놓았어요.

5단계: 손수건이나 나비넥타이처럼 접어둘 수 있는 액세서리는 바로 아래 서랍에 정리했어요.

다람쥐를 위한 공간

정말로 다람쥐를 위한 공간이냐고요? 네, 우리는 의뢰받은 대로 공간을 정리할 뿐이에요. 이 특별한 동물 친구를 위한 정리 정돈 의뢰가 진짜로 들어왔고, 우리는 임무를 완수했답니다.

1단계: 다람쥐의 습성과 선호도를 신중하게 고려한 결과, 특정 구역이 필요하지 않다는 결론을 내렸죠. 왜냐하면, 다람쥐니까요.

2단계: 껍질을 벗긴 견과류와 껍질이 있는 견과류를 각각 라벨을 붙인 통에 넣고 나머지 여유 분량들은 바구니에 담아 선반 위에 올려두었어요.

파티를 즐기는 사람을 위한
정리 아이디어

어떤 사람들은 축하하는 것을 좋아하고, 어떤 사람들은 축하받는 것을 좋아해요. 선물하기를 좋아하는 사람들이 있는가 하면, 선물받기를 좋아하는 사람들이 있는 것처럼 말이죠(앞의 성격 유형을 다시 확인하고 우리가 어떤 유형일지 맞혀보세요).

파티를 즐기는 여러분을 위해 서빙 접시와 식기류, 그리고 선물 포장지를 즐거운 마음으로 정리해드릴게요.

선물하기를 즐기는 사람의 공간

고맙게도 선물하기를 즐기는 사람들이 있어요. 선물을 받는 사람도 파티에 초대한 집 주인이 알맞은 선물이나 완벽한 파티 답례품을 고르며 즐거움을 느낀다는 사실을 알면 기분이 좋죠. 우리는 그 행복을 절대 빼앗고 싶지 않으니 리본 묶인 선물 박스를 건네받으면 그저 즐거운 비명을 지를 예정이에요.

1단계: 모든 선물을 꺼내 집들이, 휴가, 어린이 등 여러 상황별로 분류했어요.

2단계: 대부분의 품목이 집주인의 물건들이었기 때문에 낮은 곳에 보관하고, 아이들의 물건들은 손이 닿지 않고 눈에 띄지 않는 높은 선반으로 옮겼어요.

3단계: 수납장의 문이 포장지를 수납할 수 있도록 만들어져 있었어요. 당연히 모든 포장지 롤들을 무지개 색상 순서로 정리했죠.

선물 정리하기

1. 배터리가 필요하거나, 시끄러운 소리를 내거나, 반짝이가 달린 선물은 아이가 흥미를 잃으면 재활용 선물 박스에 몰래 넣어둔다.

2. 받은 선물의 내용물이 50%만 마음에 들었다면, 그만큼만 유용하게 사용하고 나머지는 다른 곳에 선물한다.

3. 아버지가 매년 사주시는 자수정 귀걸이의 보라색이 싫다고 말할 용기가 없다면(그것이 여러분의 탄생석이라 하더라도), 이 귀걸이를 좋아하는 다른 누군가에게 선물한다.

4. 향초나 책처럼 선물하기에 좋은 물건을 찾았다면, 여러 개를 구입해두었다 필요할 때 사용한다.

5. 반품도 되지 않고 마음에도 들지 않는 선물을 받았다면, 다른 사람에게 선물한다.

　선물을 포장하려면 포장 용품이 많이 필요하죠. 포장도 안 한 향초를 들고 저녁 식사나 생일 파티에 참석할 수는 없잖아요.

　그래서 포장지, 장식용 반짝이, 포장용 토퍼 등을 한꺼번에 수납할 수 있는 수납장을 준비했어요. 얇은 포장지는 보관하기가 꽤 까다롭기 때문에 색상별로 수납하는 것만으로도 충분하답니다.

　선물 포장을 위한 공간은 다른 곳에 비해 화려하죠. 리본과 돌돌 말린 포장지를 탈착식 막대가 달린 벽면에 걸어 놓으면 공간에 포인트를 줄 수 있어요. 선물 포장도 틀림없이 더 즐거워질 거예요!

10월부터 준비하는 크리스마스

12월이 되기도 전부터 크리스마스 음악을 틀어댄다고 싫어할 사람이 있을까요? 일단 우리는 아니에요. 우리에게 빨간색과 녹색의 선물 포장용 라벨 더미를 안겨준다면, 일 년 중 언제라도 '징글벨'을 부르면서 즐겁게 분류 작업을 할 것 같아요.

장식품과 작은 선물 들로 가득한 이 크리스마스 선물 포장 용품 서랍을 보세요. 카테고리를 구분하기 위해 서랍용 수납함을 사용했는데, 새로운 아이템들이 추가되더라도 한데 보관할 수 있도록 여유있게 공간을 남겨두었어요.

파티용 주방도구

우리는 휘트니 포트(Whitney Port, 미국의 배우)의 파티용 물품들을 정리하면서 두 가지 사실을 발견했어요. 일단 그녀는 벽장을 가득 채울 만큼 많은 물건들을 가지고 있었고, 대부분의 물건이 야외에서 사용하는 것들이라는 거죠. 어쨌든 여기는 LA이고, 풀 사이드 파티는 정말 중요하니까요!

1단계: 물건들을 사용 빈도에 따라 실내용과 실외용으로 나눴어요.

2단계: 야외용 집기류들은 별도의 수납함에 담아 야외 식탁으로 쉽게 나를 수 있도록 했어요.

3단계: 찻잔과 서빙 그릇처럼 자주 사용하지 않는 물건들은 선반 뒤쪽에 배치했어요. 파인애플 텀블러를 놓아둘 공간이 필요했거든요.

Mixer
forks
knives
appetizer
spoons
serving
serving

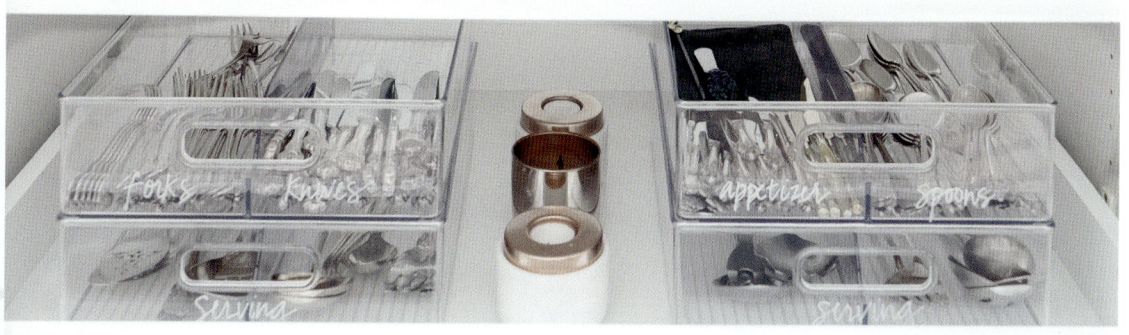

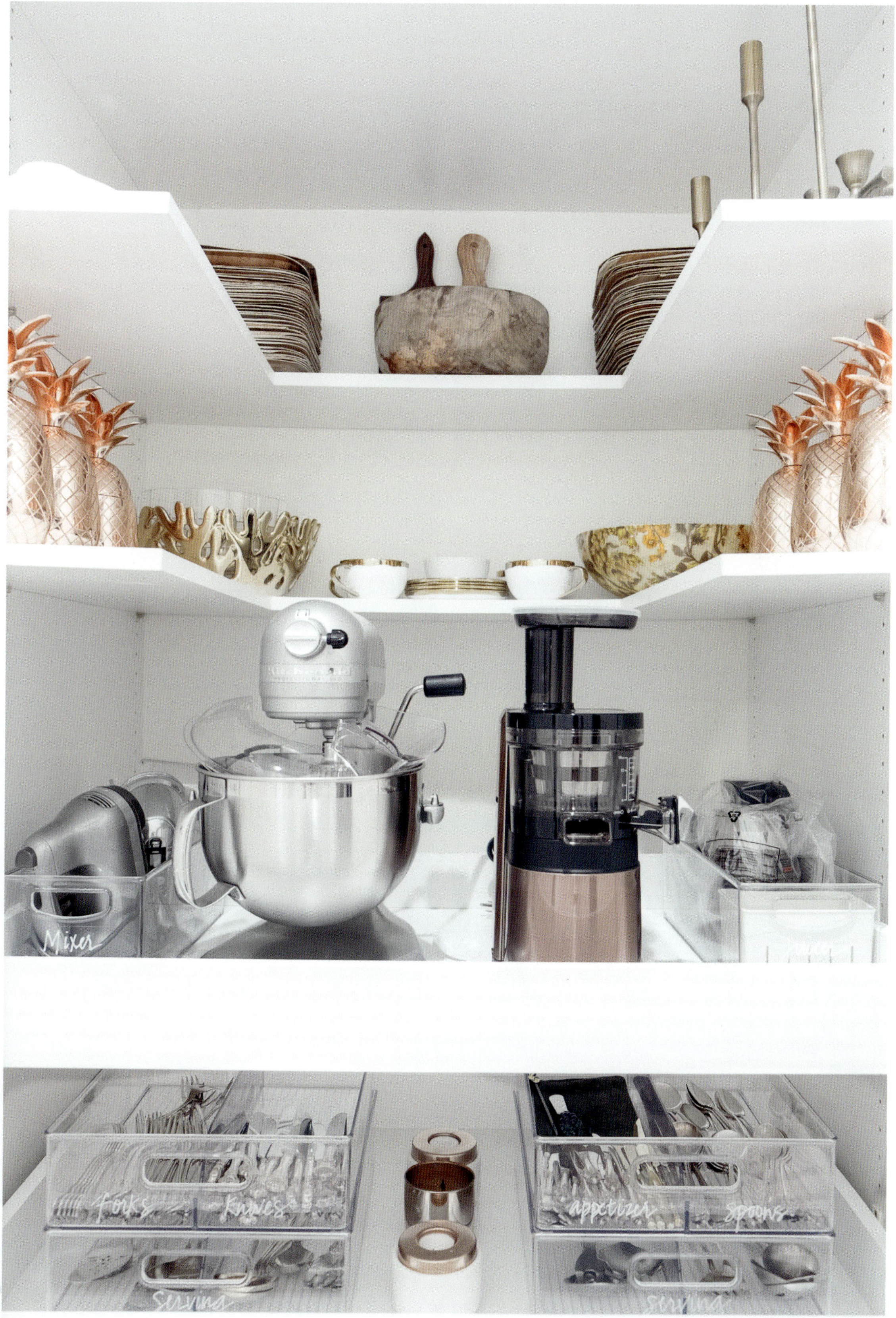

카테고리별로 물건들을 정렬하는 경우 수납함을 사용하지 않으면 선반을 최대한 활용할 수 있어요. 파티용 살림들은 크기가 큰 경우가 많아서 물건 사이에 일정한 간격을 두고 수납하는 것이 중요해요.

풋볼 경기 응원하기

풋볼 얘기가 나오면 토마스 레트(Thomas Rhett, 미국의 가수)와 그의 아내 로렌 사이에 끼어들지 않는 게 좋아요. 솔직히 낯선 사람들과는 절대 풋볼 이야기는 하지 않죠.

스포츠에 대해서 좀 아냐고요? 발로 차는 건지, 손으로 공을 잡는 건지 잘 모르겠지만, 풋볼은 미국에서 꽤 인기가 있는 스포츠임은 확실해요. 우리가 로렌의 집에서 지내는 내내 그들은 정말 장난 아니었는데요. 토마스는 조지아 불독스(Georgia Bulldogs)의 광팬이고, 로렌은 테네시 대학 풋볼팀(Tennessee Volunteers)의 열렬한 팬이기 때문이죠.

우리는 아무래도 괜찮아요. 스포츠나 내기엔 전혀 관심이 없을뿐더러, 그저 우리 의뢰인들을 기쁘게 하는 것이 목표일뿐이니까요.

1단계: 마치 폭탄을 해체하듯 조심스럽게 모든 소품들을 토마스와 로렌의 것들로 분류했어요. 우리는 풋볼 중계를 하는 일요일이 더욱 신나는 날이 되도록 최선을 다할 뿐이죠!

2단계: 열렬히 응원하는 팀이 딱히 없는 손님들을 위해 팀 로고가 없는 컵들도 잔뜩 준비했어요(198페이지 참조). 사실 로고 없는 컵들은 조지아 팀에 가까운 빨간색이지만, 우리는 모르는 척하려고요.

경기장에서 경기를 직접 관람하거나, 집에서 관전 파티를 개최하는 진정한 스포츠 광팬들을 위해, 유니폼, 응원 깃발, 팀 스카프 등을 보관할 수 있는 구역을 만들었어요. 심지어 스포츠 정신과 크리스마스 기분을 동시에 느낄 수 있는 연말연시용 구역도 만들었답니다.

koozies

　'빈칸 채우기(fill in the blank)' 게임을 함께 보기 위해 사람들을 초대하는 경우도 있어요. TV가 있고 맥주만 충분하다면 어떤 스포츠의 어느 팀이 경기하는지는 중요하지 않죠. 그래서 우리는 차가운 음료를 편하게 잡을 수 있는 쿠지 홀더 여러 개를 수납할 수 있는 통을 준비했어요. 손님들이 시원한 맥주를 편하게 마실 수 있도록 말이죠.

　차가운 음료를 위한 빨대가 필요하면 별도의 칸을 하나 더 추가하면 돼요. 온갖 종류의 술을 보관할 공간은 충분하니까요.

true story

몇 년 전까지만 해도 쿠지 홀더가 무엇인지 잘 몰랐어요. 그냥 뜨개로 만든 찻주전자 덮개인 줄 알았거든요. 나중에서야 쿠지가 스포츠 팬들에게 정말 중요한 물건이라는 사실을 알게 되었죠.

파티를 즐기는 사람을 위한 정리 아이디어

다양한 용도의 패브릭 냅킨들

냅킨으로 가득 찬 수납장을 보고 당황하는 사람들도 있겠지만, 적어도 우리는 그렇지 않죠. 다양한 색상과 패턴의 패브릭으로 가득 찬 선반은 말 그대로 꿈같아요. 그리고 수납과 정리를 위한 해결책을 찾는 것이 우리 같은 괴짜들이 하는 업무죠.

1단계: 신기하게도 접은 냅킨의 사이즈는 여자 신발 사이즈와 비슷해요. 냅킨 수납 용품을 찾을 때 꽤 유용한 정보가 될 수 있어요. 신발 정리대와 투명 신발 상자를 활용해 다양한 종류의 패브릭 냅킨들을 수납했어요.

2단계: 냅킨들을 '당연히' 색상별로 정리했죠.

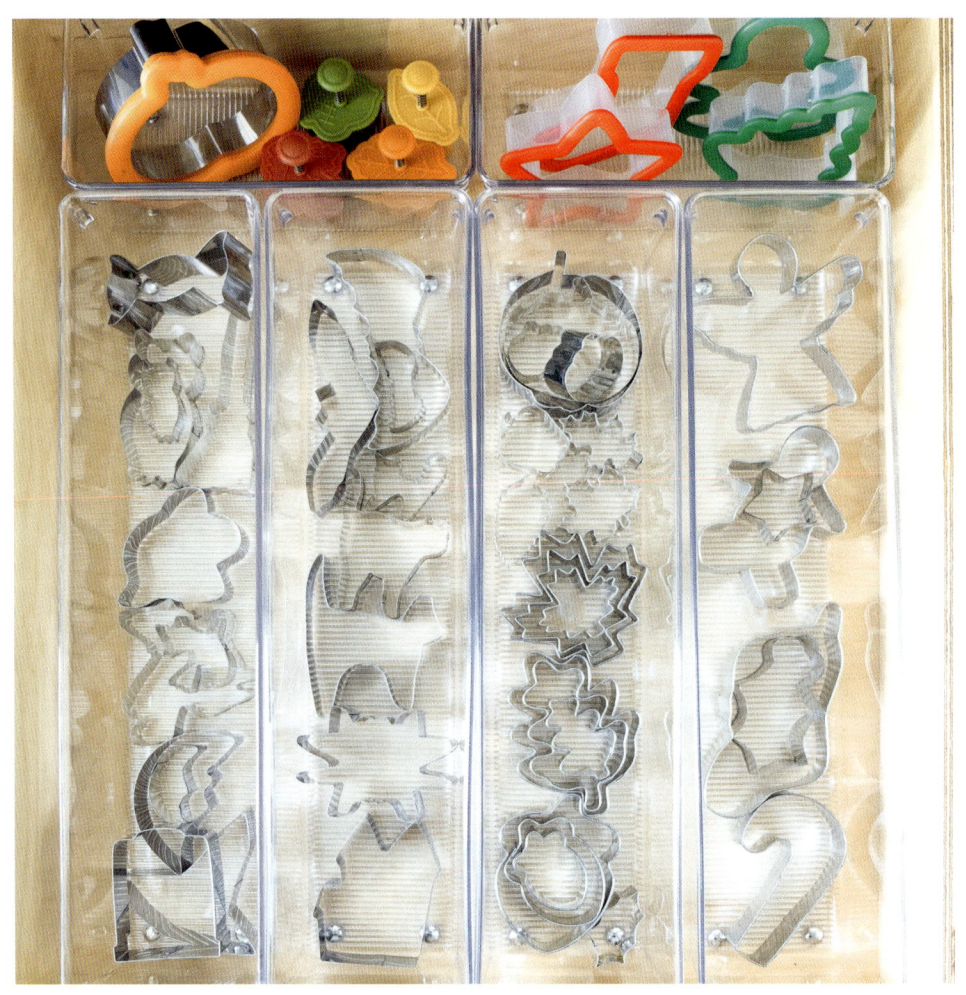

파티 용품들

우리는 빵을 굽기는커녕 요리도 할 줄 모르지만, 쿠키 커터 사 모으기는 좋아해서 각종 모양의 틀들을 온종일 즐겁게 분류하고 정리할 수 있어요. 다양한 모양의 쿠키 커터를 공휴일과 시즌별로 분류한 후 월별로 정리했어요. 우리가 누구도 못 말리는 정리광이라는 사실을 우리도 알고 있답니다.

모든 사람에게 시즌이 제일 중요한 건 아니에요. 생일이나 일상적인 모임이 더 중요한 경우도 있죠. 빨대와 이쑤시개를 분리하고, 양초도 집기류와 분리해 이 서랍에 같이 정리했어요.

파티를 즐기는 사람을 위한 정리 아이디어

다목적 공간의 정리 아이디어

이번 챕터는 화려하지 않지만 그게 포인트에요. 처음에 언급한 욕실 배관 청소 도구 기억나시죠? 욕실 청소 도구는 없으면 안 되는 도구죠. 세탁 세제, 걸레, 행주, 그리고 전구까지 모두 모두 꼭 필요한 생활필수품이에요.

재미없게 들릴 수도 있겠지만 정말 재미없는 건 세탁 세제, 걸레, 행주, 그리고 전구 없이 사는 거예요. 즉, 없으면 문제가 생기기 때문에 유용한 기능을 하는 물건들은 반드시 상비해 두어야 한다는 거죠. 이러한 물품들을 대량으로 보관하고 정리하는 다양한 방법들이 있어요. 이런 물품들을 적절하게 갖추고 있다면 살림이 잘 유지되고 있다는 뜻이기 때문에 오히려 과잉 소비를 막아주기도 하죠.

true story

에바 첸(Eva Chen, 인스타그램의 패션 디렉터)의 주방의 한 부분을 찍은 사진이에요. 그녀는 우리의 인스타그램에서 이 사진을 보고 "이 사람은 왜 이렇게 식초가 많아?"라고 묻고 나서야 이 사진이 자신의 주방이라는 사실을 깨달았답니다.

완벽한 청소를 원한다면

항상 말하지만 청소는 유산소 운동의 효과가 있어요. 운동을 하면서 집도 깨끗이 치우는 이중 효과를 누리는 건 어떨까요? 요가 수업을 들으며 설거지를 할 수 없고, 팔굽혀펴기를 하면서 놀이방을 정리할 수 없으니까요.

1단계: 수납장을 관찰해보니 추가 공간이 더 필요했어요. 우리는 가장 중요한 MVP 제품들 수납을 위해 문에 바구니 선반을 설치했어요.

2단계: 스프레이 세제, 헝겊, 먼지 닦는 천을 바구니에 담고, 종이 타월과 쓰레기봉투 수납은 자투리 공간을 활용했어요. 청소용품을 편리하게 수납해 두면 청소가 훨씬 쉬워지겠죠.

많은 사람들이 청소 용품을 부엌 싱크대 밑에 보관하죠. 아마도 집의 면적과 상관없이 모든 집에 공통으로 있는 공간이기 때문일 거예요. 포개둘 수 있는 수납함을 사용하면, 싱크대 배관을 중심으로 물건들을 양쪽으로 나란히 정렬해 공간을 최대한 활용할 수 있어요.

청소 용품을 주로 수납하는 또 다른 공간은 세탁실 수납장이에요. 세탁실에는 일반적으로 세탁기만 있지 않기 때문에 종종 '다용도실'이라고 부르죠. 우리는 모든 물건이나 공간에 라벨 붙이기를 좋아하는데요, 일단 라벨을 붙이면 그곳에 그 물건을 보관해야 할 이유가 생기기 때문이죠.

이 수납장에는 원래 세탁 세제만 있었지만, 스프레이 세제와 물티슈 등등 집 전체를 청소할 때 사용하는 청소용품 수납장이 되었어요.

자주 사용하는 세탁 용품은 꺼내기 좋은 위치에 수납했고, 선반 상단에는 예비 전구들을 바구니에 넣어놨어요. 한 공간에 특정 물건만 보관하면 결국 다른 물건들을 수납할 공간이 부족해져요. 그러나 상황에 따라 공간을 재구성하면 비누, 스프레이, 전구 등 다양한 물건을 함께 정리할 수 있죠.

가정용 공구 세트 보관하기

우리는 공구 사용법도 모르고, 종류나 명칭들도 전혀 알지도 못해요. 평소 자주 다루는 물건들도 아니고요. 다만 우리의 기본에 충실하게 무지개 정리법으로 정리할 뿐이죠.

1단계: 명칭을 알 수 없는 공구들을 바닥에 늘어놓고 비슷하게 생긴 종류끼리 모았어요.

2단계: 페그 보드에 걸어 놓을 공구와 서랍에 보관할 공구들을 분류했어요. 그리고 후크 고리, 작은 통, 선반을 넉넉하게 준비해 보드에 고정시켰어요.

3단계: 분류한 공구들이 컬러 스펙트럼을 형성해 운 좋게도 우리가 원하는 무지개 정렬이 가능했어요. 무지개 색상의 공구를 골고루 갖춘 의뢰인 덕분이었죠.

다목적 공간의 정리 아이디어

　가끔은 간단한 해결책이 최고의 방법인 경우도 있어요. 우리의 전문 분야가 아닌 이상, 최고의 공구 수납법은 공구들을 꺼내기 쉬운 수납함에 보관하는 것이었죠.

　다목적 공구들은 우리에게 훨씬 익숙한 도구들이에요. 다양한 접착제와 배터리 들을 각각의 칸에 나누어 보관합니다. 못과 나사를 왜 분리해서 보관해야 하는지는 굳이 설명할 필요 없겠죠?

true story

조애나는 배터리를 진짜 무서워해요. 배터리 안에 든 전해질 액이 배터리를 연소시킬 거라고 생각하거든요. 그래서 항상 배터리 정리는 다른 사람에게 부탁하죠.

다목적 공간의 정리 아이디어

여분의 생활필수품 보관하기

집 안에 여분의 생활필수품들을 보관하는 공간은 꼭 있어야 해요. 생활필수품들을 미리 쟁여놓으면 밤 11시에 화장지, 종이 타월, 기저귀, 감기약 등등 당장 필요한 물건들을 사기 위해 나갈 필요가 없죠. 우리는 여분의 생활필수품들을 이미 사 놓고도 찾지 못하는 에바 첸을 위해 정리 정돈을 했어요.

1단계: 수납장 안의 물건들을 정리하기 위해 거실과 복도까지 사용해야 했어요. 모든 물건을 바닥에 늘어놓고 분류하는 동안 한쪽에선 선반들의 사이즈를 측정하고 깨끗이 닦았죠.

2단계: 꽤 넓은 수납공간이 있다고 모든 곳에 손이 닿기 쉬운 건 아니에요. 가끔 사용하는 물건은 구석에, 가장 자주 사용하는 물건들은 가운데 아래에 배치했어요.

3단계: 수납함을 쌓아서 보관해야 하기 때문에 내용물을 신경 써서 담았어요. 이 집은 뉴욕시의 아파트라 사용 가능한 모든 공간을 최대한 활용하는 것이 가장 큰 핵심이었죠.

필기도구 보관하기

펜을 찾을 수 없어서 한밤중에 뛰어다니길 바라는 건 아니지만, 필요할 때 펜이 없으면 정말 짜증이 나죠. 주변에 수성 펜밖에 없어서 그걸로 서명하는 것도 마음 불편한 일이고요. 그래서 기본적인 사무 용품들을 모아둔 수납공간이 있으면 좋습니다.

여러 층으로 포갤 수 있는 수납함을 활용해 아홉 가지 필수 사무 용품들을 보관한 수납 선반을 만들었어요. 수납함의 공간이 제한적이어서 불필요한 구매를 막을 수 있죠.

펜은 누구에게나 꼭 필요하지만 서랍 하나를 펜으로 가득 채우는 사람은 없을 거예요. 스테이플러가 세 개 이상 필요한 사람도 없고요. 다른 물건들을 위한 여유 공간은 반드시 남겨둡니다.

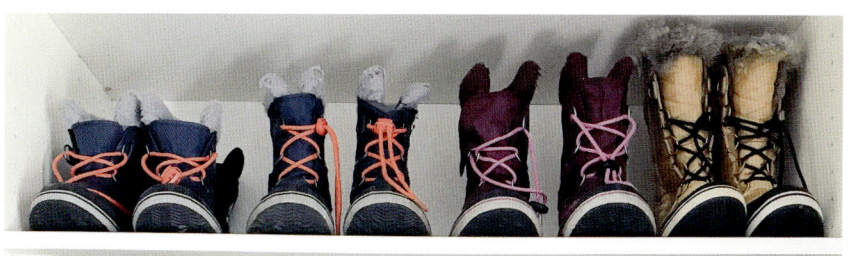
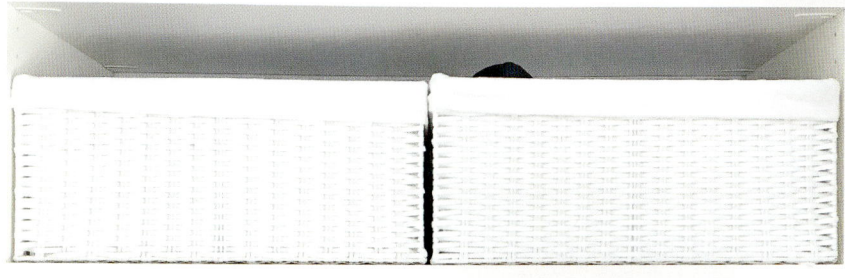

방한 용품 수납하기

캘리포니아 사람들은 이 사진을 보고 겨울용 부츠에 이렇게 넓은 수납 공간을 내주는 것이 터무니없다고 생각할 수 있어요. 하지만 미국 전역에는 다양한 날씨를 위한 장비들이 꼭 필요한 지역이 더 많아요.

방한 용품들을 수납하는 곳은 당연히 물건을 꺼내고 착용하기 쉬운 공간이어야 해요. 이렇게 정리해 놓으면 아침에 집을 나서기도 더 수월해지고, 스카프 더미가 바닥에 쌓이는 일도 막을 수 있어요.

나를 행복하게 만드는 물건들

만약 이 책의 한 부분만 읽어야 한다면 이 챕터를 권하고 싶어요. 사람들이 왜 많은 물건들을 필요로 하는지에 대해서는 여러 이유가 있겠지만, 이 질문에 대한 최선의 답은 '나를 행복하게 만들기 때문' 아닐까요.

곤도 마리에(Marie Kondo, 일본의 정리 전문가)의 말을 빌리자면 어떤 물건은 일상에 '기쁨'을 지피기도 하니까요. 아이들, 직장, 그리고 각자의 다양한 일상을 누리기 위해 갖고 있는 물건들이 나를 행복하게 해준다면 얼마나 기쁜 일일까요?

우리는 의뢰인이 특별히 아끼는 공간이 있는지의 여부를 물어보는 것으로 프로젝트를 시작하곤 해요. 어떤 사람은 때때로 팬트리에서 열렬한 제빵사가 되고, 옷장의 신발을 무엇보다 소중하게 여기며, 책꽂이를 수년 동안 모은 소설 초판본들로 가득 채우죠.

우리는 누군가가 진정으로 아끼고 소중히 여기는 물건들이 무엇인지 파악하고, 그들의 소장품들에 대한 애착을 존중하며 그 소장품들이 돋보이게 하려고 노력해요. 여러분도 이 방법을 사용해 보길 권해요. 기분이 꽤 좋아지거든요.

나를 행복하게 만드는 물건인지 아닌지를 결정하는 데 도움이 될 수 있도록 짧은 테스트를 해볼게요.

전혀 과학적이지 않은 행복 측정 방법

나는 그 물건을 볼 때……

1. 기분 좋은 만족감을 느낀다. → 당연히 보기 좋게 진열해야죠.

2. 나에게 이 물건이 있다니 다행이다. → 소중히 보관하세요.

3. 이 물건을 갖고 있다는 사실을 잊고 있었는데, 이번에는 정말로 기억할 거다. → 좋아요, 그렇지만 6개월이 지난 후에도 사용하지 않는다면 버려야 해요.

4. 내가 이 물건을 좋아한다고 새엄마가 생각하게 하려고 마음속에 메모했다. → 흠, 새엄마는 신경도 안 쓸 거예요. 그냥 좋아할 만한 사람한테 줘요!

5. 〈필요하지 않은 것 정리하기〉라고 적은 '해야 할 일 리스트'가 떠오른다. → 뭘 꾸물대고 있는 거죠? 미안하지만 그냥 갖다 버려요.

여러분이 갖고 있는 어떤 물건이 1번이나 2번에 해당한다면, 그건 여러분을 행복하게 만들어줄 테니 잘 보관하면 돼요.

나를 행복하게 만드는 물건들

핸드백 정리

우리는 핸드백을 여러 개 갖고 있는 것에 크게 공감하는 편이에요. 사실을 고백하자면 핸드백 정리에 적합하지 않은 사람들이죠. 왜냐하면 물건들을 버리기보다는 그대로 두는 것을 추천하기 때문이에요.

맨디 무어(Mandy Moore, 미국의 가수)의 옷장 앞에선 정리 작업이 더욱 어렵게 느껴졌어요. 대부분의 핸드백이 소장할 가치가 있었기 때문이죠. 버릴 만한 핸드백이 없었기 때문에 그녀가 좋아하는 핸드백들이 돋보일 만한 진열장을 짜기로 했죠.

1단계: 다양한 종류의 핸드백들을 고리를 사용하여 진열장 중앙의 막대에 걸었어요. 수납장 위에도 올려놓았고요.

2단계: 클러치와 작은 지갑 들은 칸이 나누어진 투명 아크릴 함에 수납했어요.

3단계: 공간을 잘 활용하여 우리가 가장 좋아하는 'MM' 지갑이 잘 보이는 곳에 놓이도록 했어요.

요리책 콜렉터

아마도 비지 필립스(Busy Philipps, 미국의 배우)와 그녀의 아이들만큼 요리하기를 즐기는 사람들은 없을 것 같아요! 부엌에서 온 가족이 함께 자주 요리를 하죠. 수납장, 서랍, 팬트리를 관찰한 결과 이 집에 굉장히 많은 물건들이 있다는 것을 알게 됐어요.

때로는 많은 물건이 그 공간에서 진짜 의미 있는 물건이 무엇인지 단서를 제공하기도 하죠. 마치 점술사의 지팡이처럼 우리의 작업 방향을 알려주는데, 이번에는 어마어마한 분량의 요리책들을 가리키고 있었어요.

1단계: 팬트리의 물건들을 내려놓는 동안 조리대, 수납장 그리고 냉장고 위에 놓여 있던 모든 요리책들을 식탁 위에 쌓아두었어요.

2단계: 요리책들을 돋보이게 하고 싶었지만, 팬트리에서 식품들을 꺼낼 때 불편하면 안 되죠. 그래서 제일 위 선반에 책들을 놓고 무지개 색상의 순서로 꽂아두었죠.

3단계: 여러 종류의 수납함과 용기를 사용했을 뿐 아니라, 넘쳐나는 식자재 보관을 위해 맞춤 제작한 철제 캔버스 수납 바구니도 활용했어요.

true story

아이들은 때때로(어쩌면 대부분) 냉정한 비평가들이기 때문에 우리가 정리한 팬트리를 비지의 딸인 버디와 크리켓에게 처음으로 선보이며 숨을 죽일 수밖에 없었어요. 좋아해줘서 천만다행이었죠. 우리는 버디와 크리켓이 오케이 할 때까지 이 집에서 한 발자국도 떠나지 않을 예정이었거든요.

메이크업 제품 정리

우리는 많은 사람들 앞에 나설 일이 있을 때만 파운데이션과 립글로스를 바르지만, 메이크업 자체를 늘 즐기는 사람들도 있죠. 그들은 다양한 색조의 립글로스와 셀 수 없이 많은 아이섀도 팔레트를 갖고 있어요. 우리는 이 제품들의 사용법은 잘 모르지만 어쨌든 정리에 도움을 드렸어요. 쌓을 수 있는 조립식 서랍을 여러 개 사용하여 많은 물건들을 수납할 수 있도록 했고, 다양한 카테고리의 물건들도 전부 분류했어요. 립 라이너와 아이라이너가 섞이는 건 말이 안 되잖아요.

그나저나 왜 '립 라이너'는 띄어쓰기를 하고 '아이라이너'는 붙여 쓰는지 누가 설명 좀 해줄래요?

신발 컬렉션 정리

어마어마한 신발 컬렉션 정리보다 더 재미있는 작업은 없어요. 제시 제임스 데커(Jessie James Decker, 미국의 가수)의 빨간 밑창, 스터드 장식, 스트랩, 6인치 굽, 무지개 색상 신발들은 언제든지 환영이고요.

하지만 그녀가 창고에서 끊임없이 신발들을 가져오는 바람에 우리는 순식간에 거대한 상자들과 신발의 더미들로 둘러싸였어요. 갑자기 '이보다 더 재미있는 작업은 없다'고 했던 말들을 취소하고 싶어졌지요. 이 이상은 곤란해요!

1단계: 우리는 신발 정리에도 80 : 20의 원칙을 따라요. 제시가 신발을 무척 아낀다는 것을 알고 있지만, 몇 켤레는 정리하자고 설득해야 했어요. 숨 쉴 공간을 남기는 것은 의미 있는 소장품 정리를 위한 공간에도 중요하니까요.

2단계: 키가 아담한 제시를 위해 자주 신는 신발은 아래쪽에 정돈했어요. 이를 염두에 두고 중간 선반의 신발들은 무지개 색상 순서로 나열하고, 양쪽 선반에는 검은색과 베이지색 계열의 신발들을 수납했어요.

3단계: 모든 신발을 다 똑같이 대우할 수는 없죠. 운동화와 슬리퍼, 그리고 실내화는 바구니에 수납해서 꺼내기 쉬우면서도 눈에 띄지 않게 했어요.

　이 수납장은 명예의 전당에 남을 만한 걸작이지만, 잠시 이곳의 신발들 이야기를 할게요. 이 의뢰인은 특정 브랜드에만 집착하지 않고, 마음에 드는 스타일을 발견하면 색상별로 모두 구매를 해요. 그래서 이번에는 무지개 색상 정리법 대신 브랜드, 스타일, 그리고 색깔별로 구분해 정리했어요.

색상별로 정리하는 것이 도움이 될 수도 있고 그렇지 않을 때도 있으니, 각자 가지고 있는 신발에서 힌트를 얻으세요!

컬러 테라피

컬러(물론 컬러가 없는 경우도 있어요)는 개인의 취향과 선호도의 문제이죠. 어떤 사람들은 전체적인 컬러 팔레트에 매력을 느끼고, 또 어떤 사람들은 특정 컬러에 끌리기도 해요.

어떤 이유에서든 컬러는 사람들을 더욱 행복하게 만들고, 유행하는 색상을 각자의 집에 반영하고 싶어 하죠. 우리의 의뢰인인 가수이자 작곡가의 확고한 취향은 노란색이었어요. 우리는 그녀가 가장 좋아하는 컬러의 물건들이 돋보일 수 있도록 몇 가지 추가 옵션을 만들어 수납에 재미있는 요소들을 가미했죠.

1단계: 우리는 여행을 꽤 자주 다니는 그녀의 핸드백들과 여행 가방들, 옷장, 서랍 속을 뒤져 다양한 물건들을 모았어요.

2단계: 그녀의 노란색 주얼리 컬렉션을 돋보이게 하는 동시에 나머지 아이템도 함께 수납했어요. 팔찌 함에 노란색 뱅글 팔찌를 넣고, 주얼리 서랍 맨 위에 노란색 선글라스와 노란색 액세서리들을 넣었죠.

3단계: 클러치나 벨트처럼 부피가 큰 액세서리 수납을 위해 문에 바구니 선반을 달고 라벨을 붙였어요. 노란색 아이템들은 눈에 잘 띄도록 모든 칸의 가장 위쪽에 올려두었죠!

바비 본스(Bobby Bones, 미국의 TV 쇼 진행자)는 빨간색을 정말 좋아해서 여러 벌의 빨간 옷, 빨간 신발, 심지어 빨간 기타도 갖고 있어요. 공연을 포함하여 가장 자주 신는 빨간색 신발은 꺼내기 쉽게 선반에 보관하고, 나머지 신발은 맨 위 선반에 있는 신발 수납 상자에 정리했어요.

엘시 라슨(Elsie Larson, 미국의 홈 데코 컨설턴트)은 집 안 곳곳을 무지개 색상으로 꾸며 놓았어요. 세심하게 진열된 유리잔들로 가득한 그녀의 부엌을 보고 우리는 놀라움을 금치 못했죠. 이미 인스타그램에서 본 적이 있지만, 실제로 이 광경을 목격하는 것은 상상 그 이상이었거든요. 덕분에 아름다운 걸작들로 가득한 수납장과 서랍을 정리하는 데 전혀 부담이 없었어요. 우리가 할 수 있는 유일한 작업은 다른 한쪽 선반에 구리로 만든 조리 기구들을 수납해 양쪽 수납장을 조화롭게 스타일링 하는 것이었죠.

true story

처음 엘시의 집을 방문했을 때 사실 꽤 겁을 먹을 수밖에 없었어요. 왜냐하면 모든 방이 너무 멋졌거든요. 미팅이 끝나고 차로 돌아가 "저 집에서 일하려면 진짜 뛰어난 재능이 있는 척을 해야 할 것 같아"라는 이야기를 나눴답니다.

나를 행복하게 만드는 물건들

독서광을 위한 책장

우리는 책을 없애라고 말하지 않아요. 하지만 너무 좋아서 다른 사람들과 공유하고 싶은 소설책이나 아이들이 읽기엔 너무 어린 유아용 책의 경우 다른 사람에게 주는 것은 좋은 방법이에요. 경험을 바탕으로 세운 우리의 원칙을 참고해 보면 어떨까요.

만약 여러분이 책을 사랑한다면(그런 여러분들을 응원해요), 책을 버리지 말고 모두 보관해두세요. 책들은 배터리를 필요로 하지도 않고, 필요할 때 늘 제자리에 있으며, 언제 어디에서나 최고의 인테리어 장식품이 되기 때문이죠. 우리는 창의력을 발휘해 리나 웨이스(Lena Waithe, 미국의 배우이자 작가)의 책장에 전형적인 무지개 정리 법을 적용했어요.

1단계: 수많은 책이 방 전체에 산더미처럼 쌓여 있었어요. 물론 걸어다닐 공간도 없었는데, 이러면 화재의 위험도 올라가죠.

2단계: 책 더미를 살피다 보니 많은 책들이 특정 색을 주로 띠고 있다는 사실을 발견했어요. 컬러풀한 책들을 중심부에, 그리고 흑백의 책들을 양 끝에 배열했어요. 우리의 세심한 계획에 어울리지 않는 색의 책들은 반대로 꽂아 베이지색 본문이 보이도록 했죠.

3단계: 주변 책들과 조화를 이루기 위해 하단 선반에 수납 상자들을 넣었어요.

나를 행복하게 만드는 물건들

집 안 곳곳의 책을 정리하고 싶다면 아이들 방으로 가보세요. 화려하고 밝은 색상의 책들이 아이들로 하여금 책을 읽고 싶게 만들거나 누군가에게 읽어달라고 조르게 하죠.

아이들이 어려서 아직 알파벳순으로 책을 정리하지 못하더라도, 녹색이 어떤 색인지는 알 테니까요! 아이들은 읽고 싶은 책을 정확히 찾아내고, 다 읽고 나면 제자리에 갖다 놓을 수 있을 거예요.

행복한 취미 생활을 위한 공간

정원을 가꾸거나 기타를 연주하기, 혹은 담요를 뜨는 등의 취미를 갖는 것은 좋은 일이에요. 일상의 스트레스에서 잠시 벗어나, 무언가를 만들거나 꾸준히 연습하는 모든 사람에게 박수를 보내 드리고 싶어요.

1단계: 우리가 좋아하는 실뭉치 수납 방법은 투명한 잡지 홀더에 비슷한 색상의 실뭉치들끼리 넣어두는 거예요. 뜨개질은 할 줄 모르지만, '실뭉치 공 만들기'도 어엿한 취미 중 하나니까요.

2단계: 작은 재봉 용품들은 종류별로 구분해 티백용 수납함에 정리했어요. 언제 어떻게 수납에 사용할지 모르니 수납 용품을 쇼핑하러 가면 모든 섹션을 잘 살피라고 말씀드리고 싶네요.

3단계: 뜨개질 도구들과 도안들은 보이는 재미가 덜해서 뚜껑이 달린 수납함에 넣었어요.

털실의 양이 어마어마해서 선반 전체를 차지했어요. 그래서 잡지 홀더보다 크기가 큰 서류 홀더를 사용했어요.

추억 저장고

모든 사람은 각기 다른 정서적 경험을 갖고 있죠. 그래서 각자 간직하고 싶은 물건이나 특별한 의미가 담긴 물건들이 다 다르죠. 영화 〈토이 스토리〉를 너무 감동 깊게 본 나머지, 고릴라라는 이름의 봉제 원숭이 인형이 수납 상자 안에서 숨 쉬지 못할까 봐 옷장 선반 위에 앉힌 사람도 있어요.

자신이 사랑하는 물건이나 혹은 사랑하는 사람들로부터 받은 물건들은 오래 간직해야죠. 그 물건들을 충분히 아끼고 정리를 잘 해놓으면 그게 무엇이든지 보관하는 것이 좋아요.

호다 코트비(Hoda Kotb, 미국의 쇼 호스트이자 방송인)의 옷장은 그녀가 중간 정도의 감성주의자임을 보여주는 좋은 예이죠. 우리는 그녀의 옷, 신발, 핸드백을 정리했는데, 실제로 그녀의 침대 위에 버릴 물건들이 산더미처럼 쌓였어요. 필요하지 않은 물건들을 잘 골라내는 그녀가 무척 자랑스러웠지만, 그중에 그녀에게 특별한 감정을 불러일으키는 몇 가지 물건들은 버리지 않고 진열하기로 했어요.

맨 위 선반에는 그녀의 일기장들을, 맨 아래 선반에는 뉴올리언스 세인츠(미국의 프로 풋볼팀)의 셔츠, 저지, 모자를 놓았어요. (1) 우리는 마음이 너그럽고, (2) 무엇보다 호다를 정말 사랑하기 때문에 그녀의 애장품들을 최대한 많이 보관하기로 했답니다.

true story

우리는 호다의 옷장 속에서 아기 양말이 들어 있는 머그잔과 으깨진 펩시드 AC(Pepcid AC, 위장약)와 칫솔이 들어 있는 핸드백, 그리고 여러 개의 면도기를 꺼냈어요. 이 일이 절대 위험하지 않은 건 아니라니까요.

우리는 클로이 카다시안이 그녀의 가족과 친구들에게 받은 메모, 카드, 그리고 모든 기념품들을 추억 상자에 수납했어요. 그녀에게 특별한 의미가 있는 물건들이라 최대한 눈에 띄게 진열하고 싶었죠.

1단계: 기념품들은 모양과 크기가 다양해서 진열할 수 있는 것과 따로 보관해야 하는 것으로 나눴어요. 일단 모든 것을 정리한 후 메모와 카드는 보이게 진열하고, 부피가 큰 기념품들은 따로 보관했어요.

2단계: (예를 들어 부모, 형제자매, 친구에게 받은) 모든 물건들을 구분해 투명 아크릴 수납 용기에 담아 내용물들이 보이게 하고, 밝은 핑크색 라벨을 붙여 특별한 느낌을 주었어요.

3단계: 클로이가 언제든지 메모를 남길 수 있도록 가운데 선반 중앙에 문구류를 구비해 놓았어요.

추억의 물건들을 수납하기 위해 우리가 많이 사용하는 방법은 파일꽂이를 이용하는 것이에요. 카드부터 콘서트 티켓, 아이들 그림, 고등학교 졸업장에 이르기까지 무엇이든 담을 수 있죠. 크기가 큰 물건들을 수납할 때에는 더 큰 파일꽂이를 사용하면 돼요.

부피가 큰 추억의 물건을 한 책장에 모아서 보관하면 장식적인 효과가 몇 배 커져요. 중요한 물건들에 간단하게라도 라벨을 붙이면 필요할 때 쉽게 찾을 수 있어요. 정말 사랑하고 아끼는 물건들이라면 가능한 한 자주 꺼내 보게 되겠죠.

true story

클리아와 존의 결혼식 테이블에 놓여 있던 액자 속 사진은 클리아의 할아버지가 필름 카메라로 찍은 안경 쓴 할머니의 사진이었죠.

마무리 작업

실용적인 방법으로 시작해 예쁘게 꾸미는 것으로 끝내야 한다고 말했던 거 기억나세요? 실용적인 방법들을 모두 다루어 보았으니, 이제는 달콤한 디저트를 먹을 시간이에요. 우리의 전문 분야에 대한 몇 가지 팁과 요령을 공유해드릴게요.

집 안에 시선을 끌 만한 포인트를 주세요. 한순간 이목이 쏠리는 찰나의 순간, 아주 작은 손길만으로도 공간을 빛나게 할 수 있어요. 팬트리의 수납통 컬렉션부터 옷장에 진열된 핸드백에 이르기까지 모든 곳에 적용할 수 있답니다.

- 팬트리 선반 중앙에 놓여 있는 과자나 건조식품을 담은 투명 수납통.
- 옷장 안 아크릴 선반 위에 올려놓은 제일 좋아하는 핸드백.
- 놀이방 선반에 무지개 색상 순서로 진열해놓은 미술 도구나 책들.
- 개성이 담긴 소품

(예를 들어, 케이시 머스그레이브스(Kacey Musgraves, 미국의 가수)의 옷장에는 선인장 모양의 하이힐과 엘비스 프레슬리의 그림이 진열되어 있어요!).

공간에 신경 써야 해요. 전체 공간을 먼저 살핀 후, 모든 공간이 균등하게 활용되고 있는지 확인하세요.

- 홀수로 물건을 수납하세요. 선반에 4개의 바구니보다 3개의 바구니를 놓아두는 것이 훨씬 더 좋아 보여요. 공간을 채워야 한다면 바구니를 가운데에 놓은 후 간격을 고르게 두어 나머지를 나열합니다.
- 포갤 수 있는 물건들은 최대한 쌓아두세요. 대신 크기와 균형을 고려해야 해요. 물건이 한쪽으로 치우치거나, 윗부분이 무거워 보이지 않도록 말이죠.
- 약간의 숨 쉴 공간을 늘 남겨두세요. 비어 있는 공간은 특히 수납공간을 늘려야 할 때 도움이 되니까요. (80 : 20 법칙을 항상 기억하세요).

- 투명한 수납 용기는 작은 공간을 더 넓고 깊게 보이게 하죠.

일관성이 있어야 해요. 동일한 수납 제품을 사용하세요. 공간과 어울리지 않는 수납함은 공간을 흐트러뜨리고 단절되어 보이게 하니까요.

- 집이나 개인 공간에 나만의 미학적인 원칙을 세워 일관된 스타일로 물건을 사세요.
- 손잡이 모양이나 질감 같은 작은 디테일에 관심을 가져보세요. 다양한 제품들을 믹스 매치하기로 결정했다면 서로 잘 어우러지게 하고 복잡하지 않게 신경 씁니다.
- 균형감을 주기 위해 동일하거나 비슷한 물건들을 서로 마주 보게 정렬합니다. 단조로움을 피하기 위해 다양한 높이와 모양으로 변화를 주는 것도 좋아요. 두 항목이 비슷해 보이면 서로 균형을 이루니까요.

최대한 무지개 색상 순서로 정리합니다. 일단 해보세요. 이 방법은 효율적인 정리 방법이기도 하지만 때로는 순수한 즐거움을 주기도 하니까요.

라벨을 붙입니다. 무지개 정리법처럼 라벨을 붙이는 것도 기능적인 공간 정리의 방법이죠. 하지만 미적 효과만을 위해 사용하기도 해요. 보기 좋게 꾸며진 공간이 오래 유지될 가능성이 높기 때문이죠.

늘 깨끗이 닦아요. 당연한 이야기지만, 방 특히 창문과 유리 수납장을 잘 닦는 것만으로도 공간이 훨씬 깨끗해 보인답니다.

Thanks

클리아

내 반쪽이 되어줘서 고마워, 조애나! 너 없이는 하루도 못 버텼을 거야. 존, 당신을 두 번째로 언급해서 미안하지만 마음속에서는 늘 당신이 1등인 거 알죠? "뭐야, 나는 네 마음속에 없어?"라는 말이 들리는 것 같아서 조애나에게도 미안하다고 사과해야 할 것 같은 기분이네요. 조애나는 내가 절대 이길 수 없거든요. 아무튼 내가 둘 다 사랑하는 거 알지?

스텔라와 서튼! 너희는 나의 자랑이자 기쁨이고, 내 인생의 전부란다. 너희의 엄마인 것이 너무 행복하고 늘 감사해. 너희를 여기서 세 번째와 네 번째 순서로 이야기하고 있는 건, 단지 알파벳순으로 감사 인사를 전하고 있기 때문이라는 것만 잊지 말아 줬으면 해! 내 가족들과 친구들아! 요즘 연락이 뜸해서 미안해. 내년에는 더 자주 할 거라고 약속할게!

조애나

항상 고마워, 클리아! 넌 대체 불가능한 사업 파트너이자 내가 가장 좋아하는 사람 중 한 명이야. 그리고 헌신적이고, 추진력 있고, 디자인적인 안목이 뛰어난 완벽한 사람이지. 우리의 생각과 〈홈 에딧〉 프로젝트를 결합해 아름답고, 재미있고, 영감을 주는 잘 짜인 이야기로 엮어내는 놀라운 재능을 발휘해줬잖아.

나의 인생의 또 다른 파트너 제레미, 13년 전에 나와 결혼해줘서 고마워. 내가 없어도 학교 비상 연락망 중에 최고의 부모가 되어주고, 나의 든든한 버팀목이 되어줘서 너무 고마워.

마지막으로, 마일스와 말로우! 〈홈 에딧〉을 세 번째 형제로 품어줘서 고마워. 우리에게 베풀어준 너그러운 마음과 배려를 잊지 않을게.

옮긴이 이소윤

시카고 예술 대학교에서 순수미술을 전공하였으며, 뉴욕에서 다년간 디자이너로 활동했다. 현재 번역 에이전시 엔터스코리아에서 전문 번역가로 활동하고 있다.
주요 역서로는 『명화로 배우는 그림 상상력』,『디자인은 스토리텔링이다』, 『보태니컬 아트 기법(출간예정)』가 있다.

더 홈 에딧 라이프

글쓴이 클리아 시어러 • 조애나 테플린 **사진** 클리아 시어러
옮긴이 이소윤

펴낸이 김서영
펴낸곳 토마토하우스
등록 2005년 8월 4일(제406-2005-000027호)
주소 10881 경기도 파주시 광인사길 37
전화 031-955-2000 **팩스** 031-955-2005

관리이사 곽명호 **영업이사** 이경호 **경영이사** 김관영
편집 및 기획 김서영 노유연 **관리** 이주환 문주상 이희문 원선아 이진아 **마케팅** 정아린
디자인 창포 031-955-2097 **인쇄 • 제본** 신우

THE HOME EDIT LIFE:
A No-Guilt Guide To Organizing Absolutely Everything by Clea Shearer & Joanna Teplin
Copyright © 2020 by THE HOME EDIT PRINT, LLC
Photography by Clea Shearer
All rights reserved.
This Korean edition was published byTomato House in 2022 by arrangement with
THE HOME EDIT PRINT, LLC. c/o Levine Greenberg Rostan Literary Agency
through KCC(Korea Copyright Center Inc.), Seoul.

이 책은 (주)한국저작권센터(KCC)를 통한 저작권자와의 독점계약으로 토마토하우스에서 출간되었습니다.
저작권법에 의해 한국 내에서 보호를 받는 저작물이므로 무단전재와 복제를 금합니다.

제1판 제1쇄 2022년 6월 30일
값 22,000원

ISBN 978-89-97313-75-4 13630
잘못 만들어진 책은 구입하신 서점에서 바꿔 드립니다.

• 솔트 북스는 토마토하우스의 라이프 스타일 브랜드입니다.